一流シェフのお料理レッスン

「エリックサウス」稲田俊輔のおいしい理由。

'ERICK SOUTH' SHUNSUKE INADA, REASONS WHY DELICIOUS.

インドカレーのきほん、完全レシピ

INDIAN CURRY BASICS, THE PERFECT RECIPE

世界文化社

前書きに替えて

「カレーっていったいどんな料理なんだろう？」

「カレー」と言うと、皆さまどういう料理を思い浮かべますか？

ひと昔、ふた昔前までは、カレーと言えばじゃがいもやにんじんがゴロゴロ入った「お家カレー」、もしくは、お肉や野菜がなめらかなソースに溶け込んだ専門店の「欧風カレー」こそがカレーのイメージでした。しかし最近では、そのイメージはもっと拡大しているはずです。インドやネパールなど南アジア圏のカレー、タイカレーに代表される東南アジアのカレー、そしてそれらが日本式に発展したスパイスカレーなどなど、様々なカレーが巷に溢れています。

そんなカレーの、言うなれば本場中の本場がインドです。そんなインドのカレーに関しては、よくこんなことが言われます。

「インドにはカレーという料理は無い」

しかしまた同時に、こんなことも言われています。

「インドではあらゆる食材をカレーにする」

この2つは、一見矛盾するようですが、実はあながちそういうわけでもないのです。

インドでは、あらゆる料理にほぼ例外なく何らかのスパイスが加えられます。少ない時は2、3種類、多い時は10種類以上、そしてその組み合わせ方も様々です。つまり素材や調理法に合わせて、ひとつひとつ異なる配合でスパイスが使用されるのです。必然的に、インドには多種多様なスパイス料理が存在するということになります。それらを総称してカレー(curry)と呼ぶのは、元々は西洋からもたらされた概念ではありますが、現在ではインドでも通用する呼称です。

ただしそれはあくまで便宜的な「総称」であり、ひとつひとつの料理にはそれぞれの名前があります。そういう意味では、インドには単に「カレー」という料理は無い、とも言えるわけです。

最近では、街中にインド料理のお店がずいぶん増えました。そういったお店のメニューにはたくさんの種類のカレーが並んでいます。チキンカレー、バターチキンカレー、キーマカレー、マトンカレー、野菜カレー、などなど。「なるほど、インドには多種多様な『カレー』がある、というのはそういうことか」、と思われるかもしれません。しかしその認識は、半分正しく、半分間違っています。

どういうことかおわかりでしょうか。それらは実は、インドにある様々なカレーの中の、ごくごく狭い範囲のカレーでしかないのです。また、それらにはひとつの共通点があります。それらが全て「日本人から見てカレーらしいカレーである」という点です。

日本人は元々カレー好きです。日本のインド料理店では、そんな日本人が昔から慣れ親しんでいた「お家カレー」や「欧風カレー」にもどこか通じるところのあるカレーだけを選択して提供してきました。そして、それらをさらに日本人好みにアレンジする工夫も怠りませんでした。だからインドカレーは、日本で案外すんなりと受け入れられたとも言えます。

この本では、まず第1章でそんな「日本人にとってのカレーらしいカレー」をご紹介します。チキンカレーやキーマカレーなど、多くの人が「インドカレー」と聞いてまず思い浮かべるであろうカレーが一通り作れるようになるとともに、インドカレーに必要な技術の基礎が自然と身に付く構成となっています。

第2章では、あえて「日本人にとってのカレーらしいカレー」にはこだわらず、「インドならではの特色あるカレー」を中心にご紹介しています。インドは菜食主義者の多い国ということもあり、カレーのバリエーションも実は、肉や魚介を一切使わず野菜や豆のみで作られるものの方が圧倒的に多いのです。ですので、この章にもそういう「菜食カレー」が多く含まれています。

第3章では、レストランならではのカレーをご紹介します。第2章までに登場したカレーはインドの伝統的なレシピに則ったものが中心でした。それに対してこの章のカレーには、近代以降にインド料理レストランで生み出された、プロだけが知る少し特殊な技法が使われています。ただし特殊とは言ってもそれは、日本のインド料理店でも一般的な技法でもあります。そういう意味ではこの章のカレーこそが、日本人が最も普段から慣れ親しんでいるタイプのインドカレーとも言えるかもしれません。そして同時に日本では意外と出会えない、宮廷料理風と言われるような、よりゴージャスなカレーも登場します。

第4章は、カレーと一緒に楽しむバスマティライスやナンなどの主食類や、カレーの献立がますます楽しくなるサイドディッシュの章です。また、(少々手間はかかりますが)本格的なビリヤニが2種類、そしてインドならではのシンプルかつ滋味深いデザートも。カレーだけではないインド料理の魅力を知って、カレーの日の食卓を、より華やかに演出してください。

本書は一冊を通じて、おなじみのインドカレーから日本では珍しい料理まで、幅広いおいしさを網羅しています。そしてその全てに共通するのは、意外に思われるかもしれませんが、素材そのものの味わいを引き出すことこそがおいしさの要になるということです。

もしかしたらインド料理に対しては、強烈なスパイスが全てを覆い尽くす料理、というイメージをお持ちの方もいらっしゃるかもしれません。しかしそれはあまり正しい認識ではないのです。

本書のレシピには、多種類のスパイスをふんだんに使用する刺激的なものもあれば、あえてスパイスは控えめにあっさり仕上げるものもあります。いずれの場合も、それらのスパイスの最も重要な役割とは、実は素材のおいしさそのものを引き立てることに他なりません。お肉、魚介、野菜、といった素材をスパイスとともに一から料理に仕立てることで、そこには、慣れ親しんでいるはずの身近な食材の持つ新たな魅力が鮮やかに浮かび上がってくるはずです。そんな驚きを感じていただくことこそが、本書の最大の目的なのです。

稲田俊輔

CONTENTS

第1章

みんな大好き!

スタンダードなインドカレー

第2章

よりディープに!

ローカルなインドカレー

第3章

誰も知らないプロの技

レストランスタイルのインドカレー

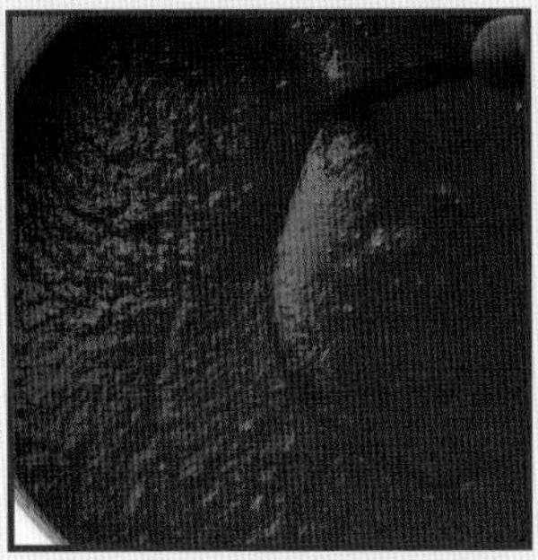

第4章

インド料理アラカルト

Ⅰ 基本食材とその扱い方

玉ねぎ

玉ねぎはほとんどのカレーでベースとなる食材であり、カレーに甘みとコクを付与します。また、切り方や火の通し方によってさまざまなテクスチャー——サラサラ、こってり、ゴツゴツ、なめらか、etc… ——が生まれ、カレーの個性を決定付けます。

① みじん切り

- さほど丁寧に細かく切る必要はありません。不揃いの「粗みじん」で十分です。
- みじん切りにした玉ねぎをじっくり蒸し炒めにし、甘みと自然なとろみを引き出します。
- 比較的なめらかな仕上がりになります。

効率の良い切り方はこちら

1

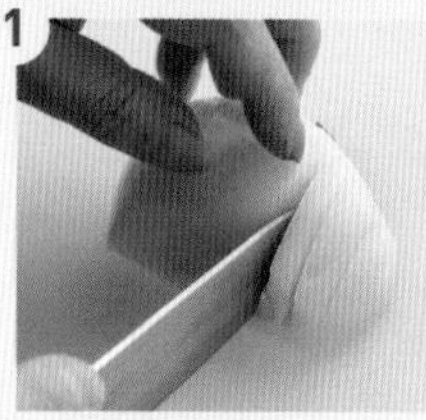

玉ねぎを縦半分に切って、だいたい7〜8㎜間隔で切り目を入れる。雑で良い。根元は切り落とさない。

2

向きを90度変えて、端から切る。粗くても不揃いでもOK！

3

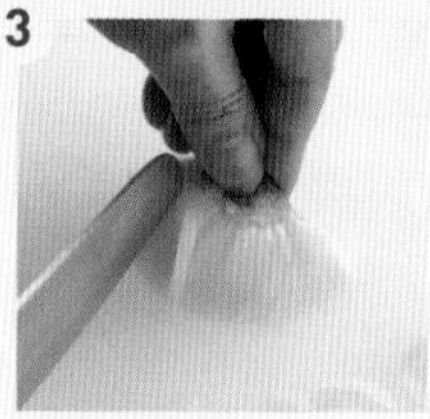

切りにくくなったら玉ねぎを倒して、だいたい1㎝間隔で切り目を入れる。

4

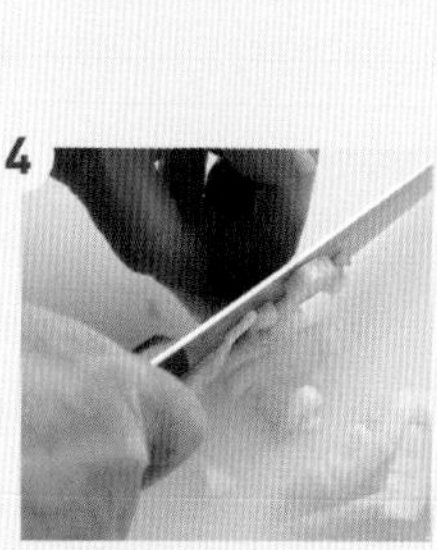

端から切る。

5

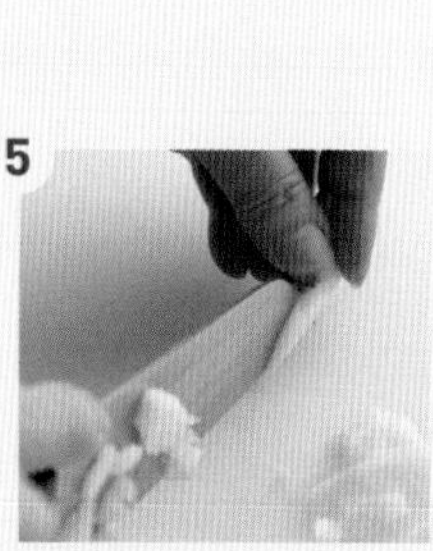

さらにヘタに残った部分をざくざくと切る。

6

ヘタだけが残る！

② ケララ切り

- 太め、短めのせん切りで、日本語にぴったり該当する表現が無いので、インド料理研究家の香取薫先生が考案された名称です。
- 手早く楽に用意できることもあり、インドでは最も一般的な切り方です。命名の元となった南インドケララ地方では特に多用されます。
- さっと炒めて食感を残す使い方が基本ですが、形が無くなるまで長時間煮込み、なめらかなカレーに仕上げることも可能です。

切り方はこちら

1

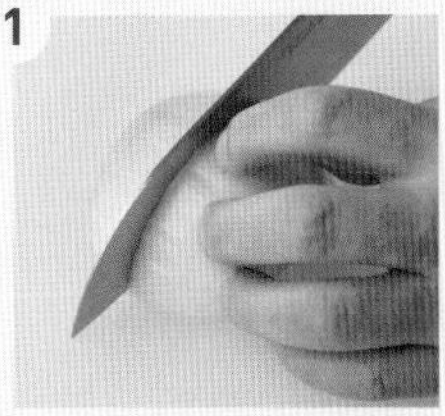

玉ねぎを縦半分に切って、さらに横半分に切る。

2

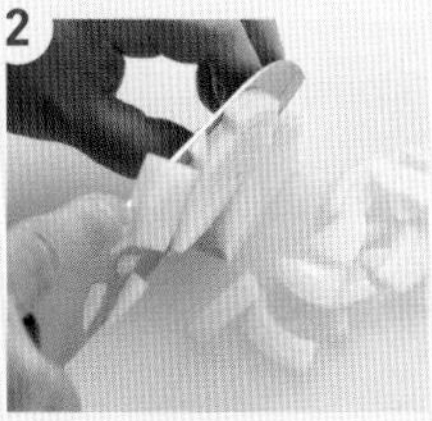

向きを90度変えて、端からスライスする。

③ フライドオニオン

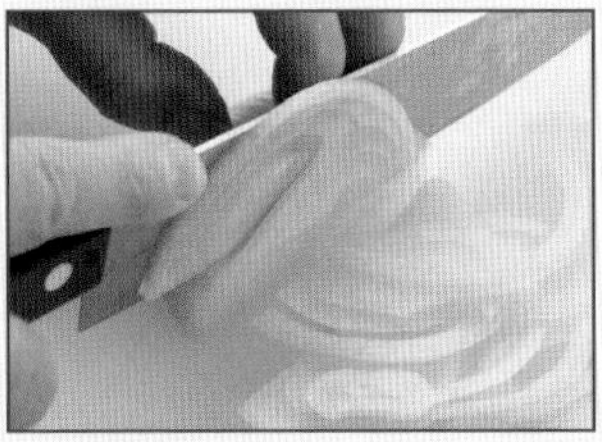

- 繊維を断つ方向に薄くスライスし、多めの油脂とともに加熱します。

- 加熱していくと水分が飛び、最終的には揚げるような状態になります。これがフライドオニオンです。

- 強い香ばしさと凝縮した旨味が得られ、こってり濃厚なカレーを作るのに向いています。

④ ボイルドオニオングレイヴィ

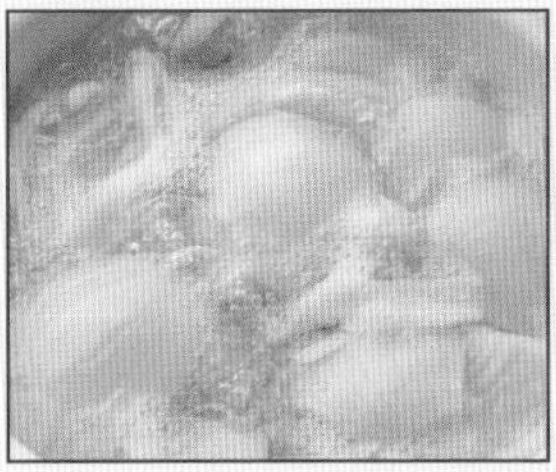

- 大ぶりに切った玉ねぎをひたひたの水で完全に柔らかく煮込み、ミキサーなどでペースト状にします。

- インドレストラン料理で多用される、言わばプロならではのテクニック。このペーストをベースに汎用的なカレーソースを作りおきします。
- このソースさえ用意してあれば、なめらかでとろみのあるカレーを短時間で仕上げることができます。

はじめに

トマト

トマトはカレーに自然な旨味と酸味を付与する、言わばダシのような役割を果たします。生のトマトだけでなく様々なトマト加工品がカレーに使われますが、本書で扱うのは基本的に以下の3種類です。

① フレッシュトマト

生のトマトです。細かめにカットして玉ねぎなどとともに炒めて使ったり、くし形切り等にしたものを煮込みの際に加えたりします。

- いずれの場合も基本的には調理の工程で煮溶け、最終的にほぼ形が無くなりますが、短い加熱時間であえて形を残すこともあります。
- フレッシュな風味を生かす、ライトなタイプのカレーで生トマトを使います。

この本でよく使うざく切りの切り方はこちら

1

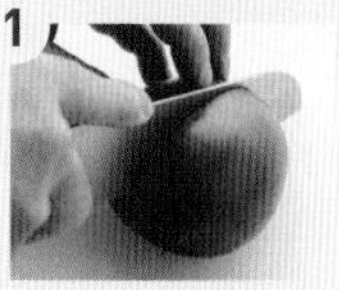

トマトを縦半分に切る。

2

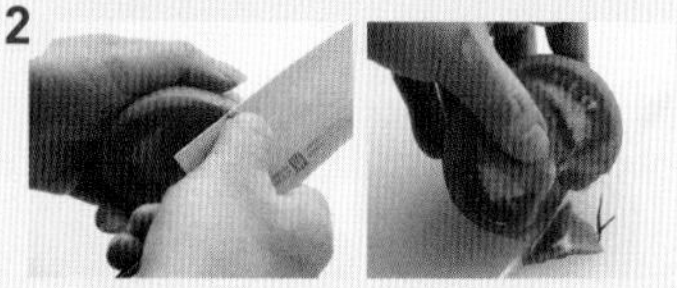

ヘタの反対側の先端を取り、ヘタを切り落とす。

3

断面を下にして置き、だいたい1cm間隔で切る。

4

向きを90度変えて、だいたい1cm間隔で切る。トマト半分を4×4または4×6に切るイメージ。形はバラバラでOK。

② トマトピューレ

- トマトをペーストにして煮詰めた製品です。ご家庭では100g入りのパウチ製品がおすすめ。使い残しは冷凍もできます。

- 主に煮込みの工程で、水などとともに加えます。
- 短時間の煮込みでもなめらかさと凝縮感が出ますので、じっくり煮込んだコクを重視するタイプのカレーに最適です。

③ トマト水煮缶

- 言わば生トマトとトマトピューレの中間で、水煮缶ならではのメリットは特にありません。また、独特の酸味とクセがあるので、ある程度長く煮込んでそれを和らげる必要があります。
- しかし逆に言うと、両方の代用品としても使うことができます。その場合の換算率は以下の通り。

㋐トマトピューレ 100g ➡トマト缶 160g　㋑生トマト 100g ➡トマト缶 80g

- クラッシュ（裏ごし）タイプがおすすめですが、ホールトマトをつぶして使っても良いです。カットトマトは最後まで形が残りやすいためおすすめしません。

ニンニク・生姜

カレーにおける重要な香味野菜です。スパイスとともにカレーならではの香りを担い、言うなればメイン食材とスパイスを仲立ちする存在。加えてニンニクは、コクや旨味にも寄与します。切り方や火の通し方で味わいが大きく変わる食材です。

① GGペースト（ジンジャーガーリックペースト）

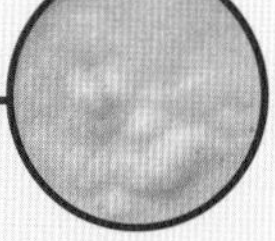

インド料理においてニンニクと生姜は同量を合わせて使うことが多いため、あらかじめミキサーですりおろして合わせておくGGペーストが常備されます。ミキサーにかける際は水を加えてよりなめらかなペーストにします。

- 仕込んでおけばカレー作りがスムーズになるだけでなく、カレーの仕上がりがなめらかになったり、下味付けなどの際も食材とよくなじむといったメリットもあります。
- まとめて作ったものを平たく伸ばして冷凍しておくと便利で、風味も落ちません。
- ミキサー等が無い場合は、すりおろすか、ごく細かく刻んだもので代用してください。

作り方はこちら

1

ニンニクは皮をむいて、包丁の腹でつぶす。生姜は皮付きのまま、スライスする。

2

ニンニク、生姜をそれぞれ50g、水100gをミキサーにかける。

② みじん切り

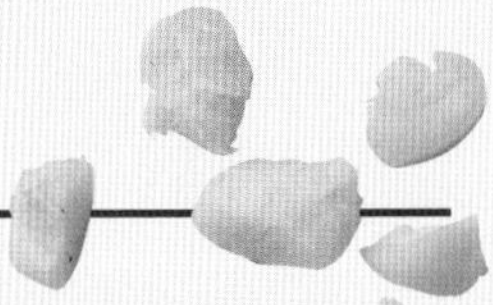

- ニンニクと生姜どちらかを単独で使う場合の基本です。あまり細かく刻みすぎると意味が薄れるので、粗みじん切りがおすすめ。
- ニンニクの粗みじん切りは、オイルでこんがりとローストして香ばしさを引き出すことが可能です。
- 生姜の粗みじん切りは、香りだけでなく食感や味わいのアクセントにもなります。

③ その他

- ニンニクは丸のままを形がなくなるまで長時間煮込む使い方もあります。
- 生姜はスライスしたものを煮込みなどの際、香りづけのために加えることがあります。またせん切りにして軽く水にさらしたものは、盛り付けの最後にトッピングとして加えるのも効果的です。
- チューブのニンニク・生姜は、GGペーストの代用にならなくもないのですが、独特のクセが強いため、しっかり炒めるなどしてそれを和らげる必要があります。

はじめに

Ⅱ インドカレーのスパイス

基本の4種スパイス

カレーにおいて、言わばベースとなる4種のスパイスをご紹介します。
ほぼあらゆるカレーに使われるスパイスです。

①コリアンダー

柑橘を思わせる爽やかな香り。それ自体の香りは穏やかですが、スパイス全体の「まとめ役」になります。

②クミン

いかにもインドカレーらしい華やかな香りの主役。カレーの味わいにコクもプラスしてくれます。

③カイエンヌペッパー

カレーに不可欠な辛味を一手に担うとともに、香ばしい香りと赤い色味も演出します。

④ターメリック

鮮やかな黄色い色味とともに、どこか大地の香りを思わせるどっしりした風味がカレーの土台となります。

個性の4種重要スパイス

いずれも個性際立つ、重要な香りのスパイス。
基本の4種にこれらが加わることで、いかにもカレーらしい華やかな香りが生まれます。

⑤カルダモン

高貴で爽やかな香り。スパイスの女王とも呼ばれます。

⑥クローブ

甘く重厚な香り。最も風味の強いスパイスのひとつです。

⑦ブラックペッパー

それ自体は個性的ながら、様々な素材を引き立てる万能スパイス。

⑧シナモン

スパイシーさと甘さが合わさった独特の香りが料理に深みを与えます。

ガラムマサラについて

カレーに不可欠な各種スパイスをブレンドしたものです。特に左ページ⑤～⑧のような強いスパイスは、個々に扱うとバランスが少々難しいこともあり、ガラムマサラとしてあらかじめバランス良くブレンドされたものを使うことが多いのです。逆に言えば、①～④の基本の４種プラス、ガラムマサラがあれば、基本的なカレーは一通り作ることができます。

ここではガラムマサラを用意するための３つの方法をご紹介します。

Ⓐ 市販のガラムマサラを購入する

最も手軽な方法です。ただし、メーカーや銘柄によって配合や風味がだいぶ異なります。入手しやすいものの中で使いやすいおすすめ品はこちらです。

S&B ガラムマサラ
カルダモンやブラックペッパーが主体の爽やかなガラムマサラ。以下でご紹介する自家製ガラムマサラとも少し風味が似ています。ただしこちらの製品には唐辛子が含まれるため、作るカレーによっては辛さの調整が必要になる可能性があります。

マスコット ガラムマサラ
シナモンやクローブが特に香る、重厚でクラシックな味わい。インドでもスタンダードなタイプと言えます。それだけに、ややクセがあると感じるかもしれません。

Ⓑ 複数のパウダースパイスを混ぜ合わせて作る

材料

クミンパウダー	8g
コリアンダーパウダー	8g
カルダモンパウダー	8g
ブラックペッパーパウダー	8g
クローブパウダー	4g
シナモンパウダー	4g

作り方

各スパイスを混ぜ合わせ、密閉容器で冷暗所に保管する。

＊市販のものより、香り高くキレの良いガラムマサラになります。

Ⓒ 複数のホールスパイスを粉に挽いて作る

材料

クミンシード	8g
コリアンダーシード	8g
カルダモンホール（鞘ごとで良い）	8g
ブラックペッパーホール	8g
クローブホール	4g
シナモンスティック	4g

作り方

1 全ての材料を、熱したフライパンで1分程度、軽く乾煎りする。ただし加熱しすぎは禁物。色づくまで煎るのではなく、あくまでスパイスにわずかに残る水分を飛ばして粉に挽きやすくするため、というイメージで。

2 乾煎りしたスパイスは、バットなどに広げて冷ます。冷める過程でさらに水分が飛ぶ。ただし封を切り立ての新鮮なスパイスの場合は、ここまでのプロセスは省略しても特に問題は無い。

3 2のスパイスを電動ミルミキサーなどで粉砕する。完全に微粉末にならなくても、ある程度粗挽き気味でも良い。特にカルダモンの鞘は繊維状になって残りやすいが、それはそれでアリ。どうしても気になる場合はザルでふるいにかける。

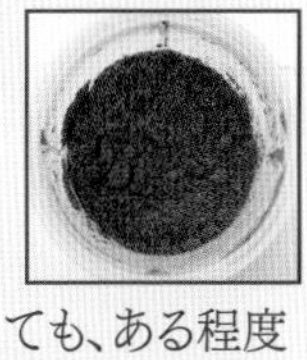

Inada's Voice

本書のレシピにおけるガラムマサラはⒷまたはⒸを前提としたものですが、Ⓐの市販品でも代用は可能です。

ただし、一度でも自家製、特にⒸを知ってしまったら、今後もう他のものは使えなくなるかもしれません……。それくらいのインパクトです。ぜひお試しを！

ガラムマサラやその他のミックススパイスは、他にも様々な配合パターンがあります。それぞれに関しては、個々のカレーレシピの中で紹介していきます。

III インドカレー 4つの基本テクニック

～おいしく作るためのコツ～

テンパリング

テンパリングでスパイスの香りをまずオイルに抽出します

- 熱したオイルの中で、ホール（原形）スパイスを加熱します。スパイスの香りをオイルに抽出しつつ、クミンシードやマスタードシードなど小さい粒のスパイスは、それ自体が香ばしいアクセントとなります。
- テンパリングは調理の最初の段階で行うことが多いのですが、クミンシードなどは最後に別鍋で行い、カレーの仕上げに加えることもあります。
- オイルの温度は190°C以上に上げないと、香りはうまく抽出できません。また加熱が長時間すぎると焦げて香りも失われてしまいます。特に220°Cを超えると急激に焦げが進むことがあります。香りと色を常に確認しつつ、時間と温度をコントロールすることが重要です。そのためには、赤外線温度計があると便利です。
- テンパリングが完了したらすぐに玉ねぎなどの水分を含む食材を加えることで一気にオイルの温度を下げ、余熱でそれ以上焦げないようにします。

マスタードシードのテンパリングのコツ

マスタードシードのテンパリングは、しっかり加熱してパチパチはじけさせないと意味がないのと同時に、加熱しすぎると焦げて風味が台無しになるため、その温度やタイミングがややシビア。温度帯の目安は190～220℃で、これ以下だとはじけず、超えると短時間で焦げてしまいます。

食材memo

【マスタードシード】

▶ 加熱しない状態をすりつぶすと辛味が出るが、インド料理（特に南インド）では、テンパリングでパチパチとはじけさせると出てくる、ナッツのような香ばしい香りが重要。ちなみにこの状態では、辛味は完全に飛んでいる。

作り方

1 マスタードシードとオイルを鍋に入れる（**a**）。鍋は多少深さがあった方が、はじけたシードが外に飛び出しにくい。

2 中火で加熱していく。弱火だとなかなか温度が上がらずあまり意味がない。しばらくするとシードの周りに細かい泡が立ち始める。ここまでは他のシードスパイスと同じ。

3 そのまま加熱すると、少しずつパチパチはじけ始める（**b**）。他のシードスパイスとは少し異なり、はじけて初めて香りが立ち始める。

4 温度上昇×時間とともに、パチパチ音が盛んになっていく（**c**）。ここで油温がこれ以上、上がりすぎないよう（220℃以下）火加減を調整。

5 パチパチ音は、一度盛んになって、それがまた落ち着いていく、という「山型のカーブ」を描く。理論上は完全に落ち着いた時点で「全てのシードがはじけた」という状態になるが、それを待っていると焦げすぎになってしまう可能性が高い。そのため、音がピークを超えたらすかさず次の工程に移って油温を下げる。「⅔はじければ十分」というイメージで。

6 玉ねぎなどの水分を含む食材を加えることで油温が一気に下がり、シードが焦げる心配がなくなる（**d**）。

❋ **3～5**の工程で、はじけたシードが鍋の外に飛び出す可能性があるので、顔を近づけすぎないように注意。また、コンロ周りにも油が跳ねることがある。そのため、何回かやって感覚を掴んだら、**3**の時点で蓋をするという方法もある。

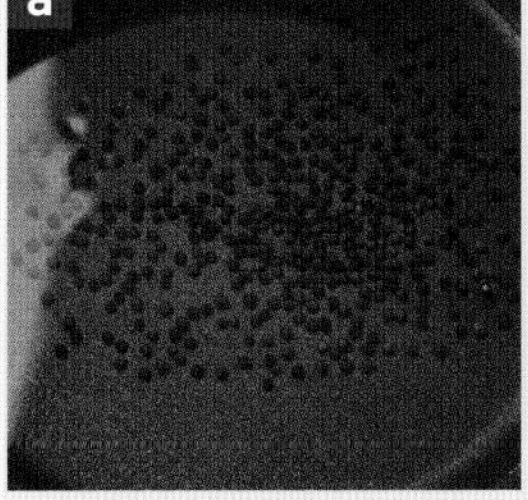

a

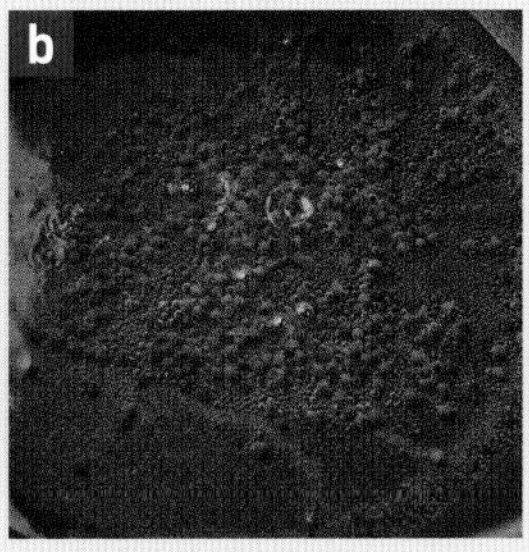

b

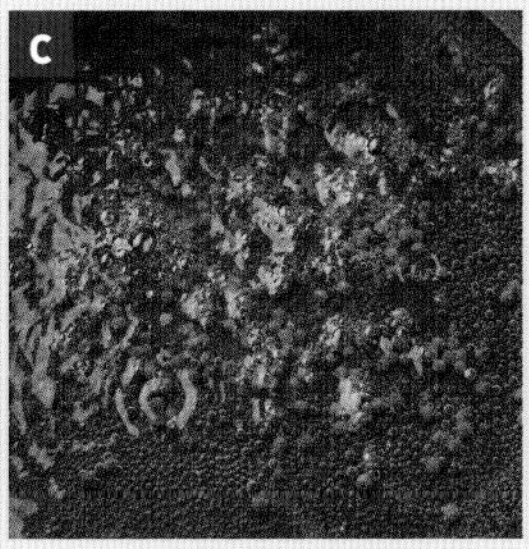

c

d

マサラ

オイル、香味野菜、スパイスが渾然一体となったマサラは、言わばカレーのベースです

❋ マサラという言葉はインド料理において様々な意味を持ち、スパイスそのものやそれをミックスしたものを指すこともありますが、ここで言うマサラは、オイル、香味野菜、スパイスを混ぜながら加熱して渾然一体となったものを指します。言わばカレーのベースとなるものです。

❋ テンパリングを終えた鍋に玉ねぎ、ニンニク、生姜などの香味野菜を加えて炒め、火が通ったらスパイスを加えてさらに炒めます。スパイスの前にトマトなどが入ることもあり、その他の順番も前後することがあります。

❋ いずれにせよ全ての段階で、表面にオイルが滲み出てくるまでしっかりと加熱するのがコツです。特にパウダースパイスは、瓶に入った状態は言うなれば半分眠っているようなもの。それを熱で「叩き起こす」イメージでしっかり火入れしていくことで、香りは活性化し、それがオイルに溶け込んでカレーの味わいが生まれます。

炒め・煮込み

インドカレーの本質は、煮物というよりむしろ炒め物です

❋ 仕上がったマサラに主素材となる肉などを加えて、マサラをまぶすようにして炒めていきます。この工程で素材の表面にしっかり火を通しつつ、素材とマサラの味わいをなじませることで、カレーの味わいの骨格が完成します。

❋ 場合によっては、パウダースパイスがこの工程で投入されたり、肉をあらかじめスパイスやヨーグルトなどでマリネしたものが加えられることもあります。このケースでは、つまりマサラ作りと炒めの工程が同時進行するということになり、特にしっかりと炒めることが重要になります。この場合も、オイルが表面に滲み出てくるのが炒め終わりの目安となります。

- 炒めが終わると、そこに水分を加えて煮込みの工程に入りますが、カレーの種類によっては、そのまま炒め続けて調理を完成させたり、ごく少量の水分を加えて煮込むと言うより、蒸し煮の状態で進行させたりすることも少なくありません。
- しっかり水分を加えて長時間煮込む場合でも、その水分は焦げ付かないための最小限である場合がほとんどです。またその加えた水の大半は、煮込みの工程で蒸発するものと考えてください。インドカレーは炒め調理でしっかり骨格を完成させ、煮込みは追加加熱でそれを補うもの、というイメージを持つことが大事です。

仕上げ

プラスαの要素が、カレーをさらに味わい深く、バリエーション豊かなものにしてくれます

- マサラ（＝オイル＋香味野菜＋スパイス）＋メイン素材（＋水）というのがインドカレーの基本構造ですが、そこに加わる様々な追加要素で、カレーの味わいはより多彩なものになります。
- ヨーグルトやココナツミルクは、カレーの味わいに劇的な変化をもたらします。分離しないよう最終段階近くで加えるケースが多いのですが、煮込みの初期段階で加えて、あえて分離させるような使い方もあります。
- 生クリームは、簡単にコクとマイルドさが加わる、ちょっとチートなアイテム。カシューナッツペーストはそれに加えて濃厚なとろみをつける効果もあります。いずれも、何にでも使うと一本調子にもなりかねない諸刃の剣ですので、使い所はよく吟味して！
- 仕上げ段階でよく使われるものに、ハーブ類やレモン汁があります。特に香菜（コリアンダーリーフ）は、あらゆるカレーのおいしさを底上げしてくれる「緑の“味の素”」。ドライハーブのカスリメティも同様です。レモン汁は味わいをキリッと引き締めてくれます。
- 盛り付けた後のトッピングも効果的。よく使われるものは、香菜、赤玉ねぎスライス、せん切り生姜、生トマト、青唐辛子スライスなど、いずれも見た目と味わいをワンランクアップさせてくれます。

Ⅳ 必須の道具、あると便利な道具

デジタルスケール

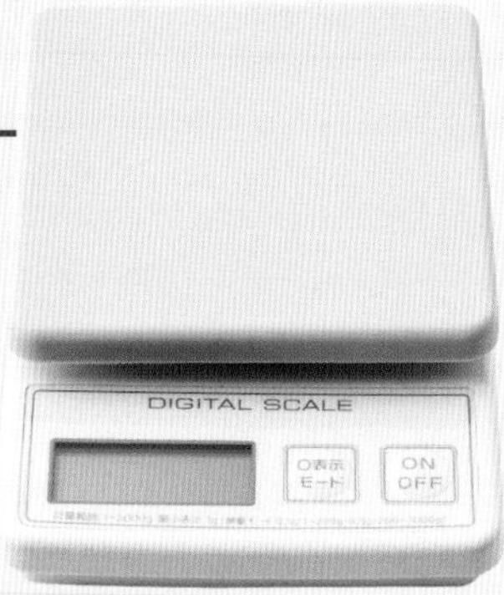

❋ 本書の材料表は、個数や大さじ小さじではなく、重量を基本としています。玉ねぎにせよトマトにせよ「1個」の重さは大きく異なり、塩やスパイスなどにしても、重量指定の方が誤差が出にくいからです。ただしスパイスに関しては少量すぎて重さがはかりにくい場合は、スパイスの種類にかかわらず「小さじ1＝2g」で、概算も可能です（スパイスの分量は、アバウトでいいとまでは言いませんが、塩ほどは正確さを求められません）。

❋ 材料の計量以上に重要なのは、仕上がり重量の計測です。カレーの煮込み中にどれだけの水分が蒸発したかは、仕上がりの状態に極めて大きく影響します。本書のレシピのほとんどには、理想的な仕上がり重量が記載されています。なるべくそこに近く仕上がるよう、必要なら途中で水を足したり、少し煮詰めたりします。そのために、普段使う鍋はあらかじめ重さをはかってどこかにメモしておくことも必要になります。調理中の熱い鍋をスケールにのせるために、コルクなどの鍋敷きも用意してください。写真のように、耐熱のシリコンカバー付きのものを使っても良いでしょう。

❋ デジタルスケールは一般的なもので構いませんが、0.1g単位で2kg以上はかれるものだと、より快適です。

鍋

❋ 2人分のレシピは直径18cm程度のフライパン、4人分なら18cm程度の小鍋が向いています。最低この2つがあれば大丈夫。

❋ 厚手のものである必要はありませんが、できればどちらもフッソ樹脂加工であるに越したことはありません。

ミル／ミキサー／フードプロセッサー

- 必須ではありませんが、GGペーストや自家製ガラムマサラ、ココナツミルクといった基本アイテムを作るのに便利です。また他にも本書にはカシューナッツやほうれん草などをペーストにして使うレシピも一部登場します。

- これらの作業が全て一台で賄える、コンパクトなミルミキサー（マジックブレット）は特におすすめです。

その他、あると便利な道具

ゴムベラ

カレー作りには、木ベラだけでなくゴムベラもあると何かと快適です。洗い物も楽になりますよ！

タイマー

煮込み時間などの時間管理も大切。慣れてきたら2、3種類のカレーを同時に並行して作ることもできるでしょうから、複数あっても無駄にはなりません。

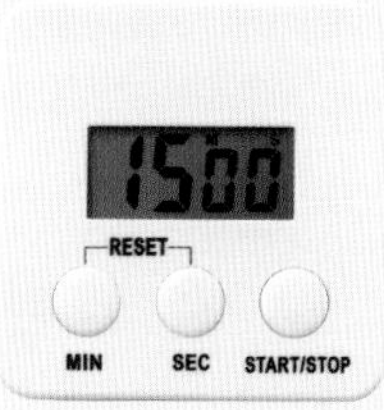

赤外線温度計

最初の難関である「テンパリング」を失敗なく行うために、あると安心です。

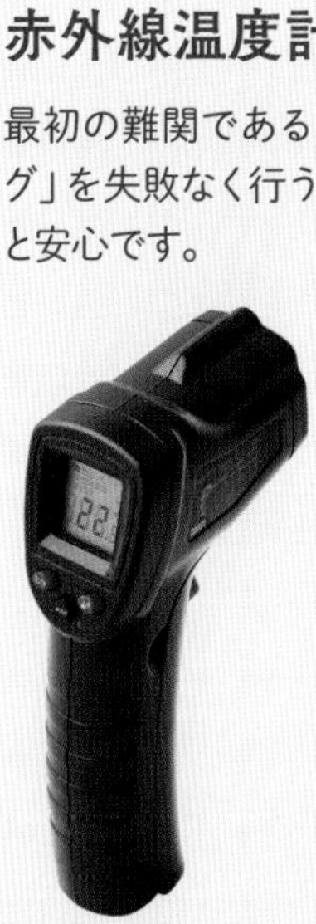

この本の使い方

この本を使いこなすために、ページの見方をご紹介します。

料理名について

▷ 現地の呼び名に基づく日本での一般的な呼び名、日本でわかりやすい呼び名、料理の成り立ちをイメージした言葉などで、ヒンディー語、英語などがまじっています。その下にある外国語も同様です。

本文について

▷ ご紹介する料理の背景や成り立ち、食べ方、稲田さんの考え方などをまとめています。これを読むだけでも、インド料理の原型やそれをこの料理でどのように発展させたかなどがよく理解でき、基礎知識が自然とわかります。

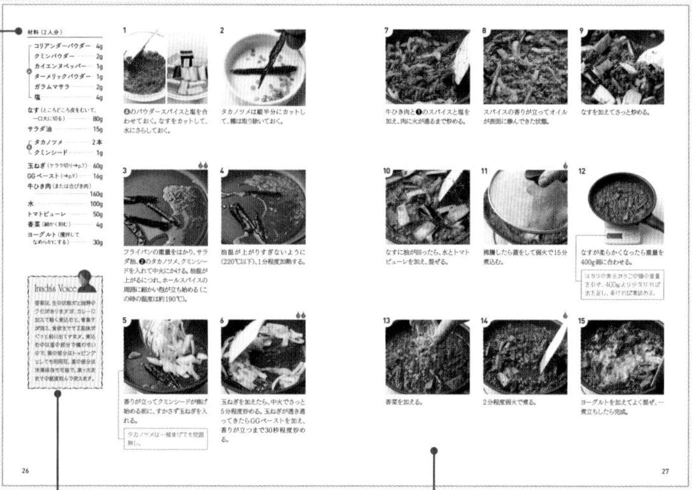

材料表について

▷ 基本的には、レシピに登場する順番に並べています。

▷ 切り方は、基本的に材料表に記しています。下準備しておきましょう。

▷ 全て、可食部（正味）の重量を表記しています。鶏肉や玉ねぎのように皮をむいたり、トマトのようにヘタを取り除いて使う食材は、それらを取り除き、下準備を終えた後の分量です。

▷ スパイスは、原形のまま使う場合は「ホール」、粉末の状態で使う場合は「パウダー」です。

▷ バターは有塩のものを使っています。

▷ カレーは、p.114～121のお好みのライスやチャパティ、ナンと合わせてお楽しみください。

Inada's Voice について

▷ 料理の背景や調理のコツ、ポイントなどについて、稲田さんから読者への言葉です。

作り方について

▷ 作る順序に沿って、プロセス写真で追いながら説明しています。

▷ 調理道具やキッチン、コンロには、それぞれクセや特徴があります。加熱温度や時間、火加減は目安です。環境に応じて、調整してください。

▷ カレーの仕上がり重量は、総重量からフライパンや鍋の重量を引いて算出します。そのため、調理前に鍋やフライパンの重さをはかって、メモしておきましょう。

▷ 冷蔵庫に入れる時は、ラップをかけて乾燥を防ぎましょう。

▷ フキダシは、よりおいしく作るために知っておきたいコツです。

第**1**章

みんな大好き！

スタンダードな
インドカレー

STANDARD
INDIAN CURRY

王道のチキンカレー

CHICKEN CURRY

トマト&オニオンベースのベーシックなチキンカレーです。

チキンは他の肉類に比べて煮込み時間が短くて済み、また旨味をたっぷりと含んだ食材。そこに玉ねぎやトマトの旨味も加わって相乗効果的なおいしさも生まれ、さらにそれをスパイスが引き立てる、というのがこのチキンカレーの基本的構造です。味付けにおいてダシやブイヨン、発酵調味料などに頼らない、というのはインドカレーの特徴のひとつですが、塩だけでも簡単に味を決めやすいチキンカレーは、まず最初にマスターしておきたいカレーのひとつ。

このレシピは、程よいとろみとナチュラルなコク、そしてバランスの良いスパイス感で、インドでも定番的、なおかつ日本人好みとも言える、食べ飽きない安定のおいしさが楽しめます。また、インドカレーに必要な基本技術が一通り学べるレシピでもあります。

ポイントは前半の炒める工程で、材料をひとつずつ加えるその都度、表面にオイルが滲むまでしっかり火を入れること。ただし絶対に焦がしてはいけません。そのギリギリを攻めるほど、カレーはイキイキとした味わいになります。

ただし、焦がしてしまうよりは火入れが少々足らない方がずっといいのも確かなので、慣れないうちはあまり攻めすぎず、経験を積んで徐々に慣れていくのも良いと思います。こういうシンプルな料理こそ、繰り返し作って練度を上げていくことが重要です。一生モノのレシピにしてください!

材料（4人分）

Ⓐ
- コリアンダーパウダー …… 8g
- クミンパウダー …… 4g
- ターメリックパウダー …… 2g
- カイエンヌペッパー …… 2g
- パプリカパウダー …… 2g
- ガラムマサラ …… 4g
- 塩 …… 8g

サラダ油 …… 60g

Ⓑ
- クミンシード …… 2g
- シナモンスティック …… 1本（3g）
- ベイリーフ …… 2枚

玉ねぎ（みじん切り） …… 240g
GG ペースト（➔p.9） …… 32g
鶏もも肉（皮を取って一口大に切る） …… 300g
トマトピューレ …… 100g
水 …… 200g

Inada's Voice

パプリカパウダーは、言うなれば「辛味のない唐辛子」。ここでは辛味の強いカイエンヌペッパーと合わせて使うことで、辛味は程よいままで唐辛子の風味と色だけを強めています。なので、特別辛いものがお好きな方は、パプリカパウダーも全量カイエンヌペッパーに置き換えても良いでしょう。逆に辛さを抑えたい時は、カイエンヌペッパー1g＋パプリカパウダー3gの配合にしても良いですよ。

1

Ⓐのパウダースパイスと塩を合わせておく。鍋の重量をはかっておく。

2

鍋にサラダ油とⒷのホールスパイスを入れ、中火にかける。油温が上がるにつれ、ホールスパイスの周囲に細かい泡が立ち始める（この時の温度は約190℃）。

3

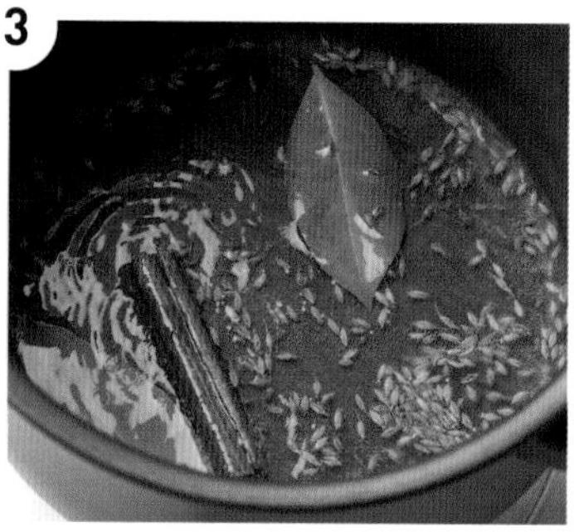

油温が上がりすぎないように（220℃以下）、1分程度加熱する。

4

香りが立ってクミンシードが焦げ始める前に、すかさず玉ねぎを入れる。

ベイリーフは茶色っぽく色づくが、それで問題無し！

5

そのまま玉ねぎを中火で炒める。全体に油が回ってジュウジュウ音がし始めたら、蓋をして弱火に落とす。

6

そのまま15分を目安に、蒸し炒めする。焦げ付かないよう、ときどき確認がてら混ぜる。

7

玉ねぎがほんのり色づき完全に柔らかくなったら、GGペーストを加える。

8

中火で炒め、GGペーストの香りが立ち、表面にオイルが滲んできたら、❶のスパイスと塩を加える。

9

かき混ぜながら炒めると、再び表面にオイルが滲んでくる。

10

鶏肉を加えてさらに炒める。

11

鶏肉の表面の色が変わり、また表面にオイルが滲んでくる。

12

トマトピューレと水を加える。

13

ときどき底からかき混ぜながら沸かす。沸騰したら弱火にして蓋をする。

14

そのまま15分煮込み、ここでいったん鍋ごと重量をはかる。

1404gからこの鍋の重さ619gを引くと、中身は785gとなる。

15

800gより少なければ水を足し、多ければ蓋を取って、さらに5分煮る。最終的に800g強の仕上がりを目指すが、±50g程度までは誤差の範囲。火を止めて完成。

すぐに食べても良いが、自然に冷めるまで30分〜1時間程度おくと味が落ち着き、コクが増す。

ビーフキーマベイガン

BEEF KEEMA VAGUN

牛ひき肉となすのキーマカレー

日本では大人気のキーマ（ひき肉）カレーですが、実はインドではそれほど頻繁に食べられているわけではないのです。存在感と歯応えのある肉が好まれやすいという嗜好の違いに加え、インドではひき肉が、塊肉よりむしろ贅沢で高価な食材とされているということもあるかもしれません。ひき肉は「シークケバブ」のような、ちょっと豪華なおもてなしのグリル料理に主に使われます。

しかし、おいしいひき肉がどこでも安価に手に入る日本で、カレーにこれを使わない手はありません。しっかりとした旨味がカレー全体に行き渡りやすい点も、実に日本人好みです。

インドでは、肉のカレーの具材は肉だけ、野菜なら野菜だけ、ということが基本なのですが、キーマカレーは例外的に、何らかの野菜と組み合わせる方が一般的で、そういう意味でも肉と野菜を一度にバランスよく食べたい日本人の感覚にフィットしますね。

このレシピは、玉ねぎはさっと炒めるだけ、ひき肉も短時間で火が通るので、特に気軽に作れるレシピです。キーマカレーは少量でも作りやすいので、ここでは 2 人分のレシピとして紹介しています。インドカレーは、少し作り慣れれば、2 種類以上のカレーを同時に用意するのも楽しいもの。そんな時の 2 つ目としても挑戦しやすいレシピです。

スパイスは比較的シンプルですが、仕上げのヨーグルトと香菜（コリアンダーリーフ）で、風味がぐっと豊かになります。

材料（2人分）

Ⓐ
- コリアンダーパウダー……4g
- クミンパウダー……2g
- カイエンヌペッパー……1g
- ターメリックパウダー……1g
- ガラムマサラ……2g
- 塩……4g

なす（ところどころ皮をむいて、一口大に切る）……80g

サラダ油……15g

Ⓑ
- タカノツメ……2本
- クミンシード……1g

玉ねぎ（ケララ切り➜p.7）……60g

GGペースト（➜p.9）……16g

牛ひき肉（または合びき肉）……160g

水……100g

トマトピューレ……50g

香菜（細かく刻む）……4g

ヨーグルト（攪拌してなめらかにする）……30g

Inada's Voice

香菜は、生の状態だと独特のクセがありますが、カレーに加えて軽く煮込むと、青臭さが消え、食欲をそそる風味がぐっと前に出てきます。煮込むのは茎の部分で構わないので、葉の部分はトッピングとしても利用可。茎の部分は冷凍保存も可能で、凍ったままその都度刻んで使えます。

1

Ⓐのパウダースパイスと塩を合わせておく。なすをカットして、水にさらしておく。

2

タカノツメは縦半分にカットして、種は取り除いておく。

3

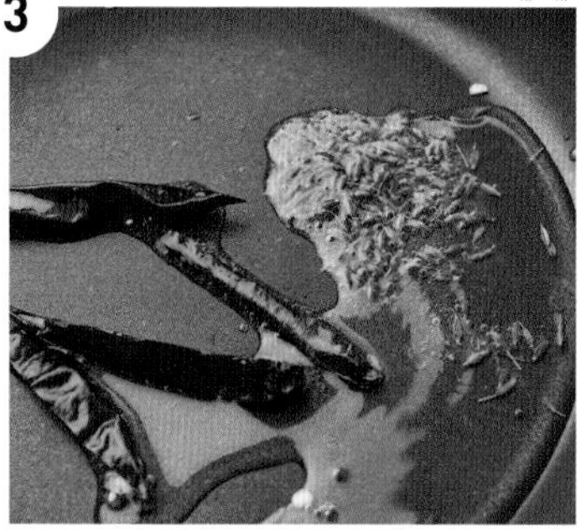

フライパンの重量をはかり、サラダ油、❷のタカノツメ、クミンシードを入れて中火にかける。油温が上がるにつれ、ホールスパイスの周囲に細かい泡が立ち始める（この時の温度は約190℃）。

4

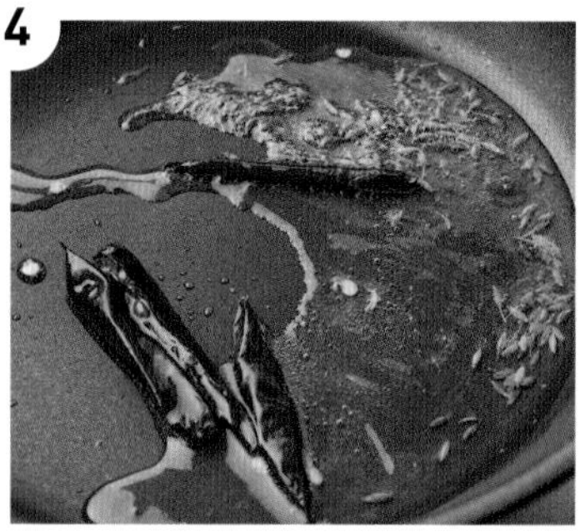

油温が上がりすぎないように（220℃以下）、1分程度加熱する。

5

香りが立ってクミンシードが焦げ始める前に、すかさず玉ねぎを入れる。

タカノツメは一部焦げても問題無し。

6

玉ねぎを加えたら、中火でさっと5分程度炒める。玉ねぎが透き通ってきたらGGペーストを加え、香りが立つまで30秒程度炒める。

7

牛ひき肉と❶のスパイスと塩を加え、肉に火が通るまで炒める。

8

スパイスの香りが立ってオイルが表面に滲んできた状態。

9

なすを加えてさっと炒める。

10

なすに油が回ったら、水とトマトピューレを加え、混ぜる。

11

沸騰したら蓋をして弱火で15分煮込む。

12

なすが柔らかくなったら重量を400g弱に合わせる。

はかりの表示からこの鍋の重量を引き、400gより少なければ水を足し、多ければ煮詰める。

13

香菜を加える。

14

2分程度弱火で煮る。

15

ヨーグルトを加えてよく混ぜ、一煮立ちしたら完成。

チキンキーママタル

CHICKEN KEEMA MATAR

鶏ひき肉とグリーンピースのキーマカレー

最終的に水分を飛ばして仕上げる、「ドライタイプ」のキーマカレー。汁気のあるカレーと組み合わせての「合いがけ」にもおすすめです。

ここまでのカレーとは異なり、先にひき肉にハンバーグのようにふっくらと火を通し、滲み出た脂で香味野菜やスパイスを炒めていくので、フッ素樹脂加工のフライパンであればノンオイルで作れ、最後に煮詰めた後も油が出すぎません。

グリーンピースはインドでとても好まれている野菜で、キーマカレーに加える野菜としては定番中の定番。ここでは冷凍グリーンピースを使用していますが、時期であれば鞘からむいた生のものだと格別。逆に缶詰はおすすめできません。お好みで、さやいんげんやむき枝豆に置き換えるのもおすすめです。

鶏ひき肉とグリーンピースの素材感を生かすため、トマトは生のものを使います。

このレシピで使用する「ストロングガラムマサラ」は、スパイスの種類をあえて絞ることで鮮烈な味わいに仕上げた、文字通り「インパクトの強い」仕上げ用ガラムマサラ。少し余分に作っておくと、様々なカレーで最後にもう一押しインパクトが欲しい時に重宝します。スパイスを挽く道具が無い場合は、パウダーのものをレシピと同じ分量で混ぜ合わせてください。フェンネルが手に入らない場合は、風味は異なりますがクミンで代用していただいても結構です。

材料（2人分）

- Ⓐ
  - コリアンダーパウダー……1g
  - クミンパウダー……1g
  - カイエンヌペッパー……1g
  - ターメリックパウダー……1g
  - 塩……4g
- 鶏ももひき肉（できれば粗びき）……300g
- 玉ねぎ（ケララ切り➡p.7）……60g
- GGペースト（➡p.9）……24g
- ししとう（斜め小口切り）……2本（6g）
- カレーリーフ（省略可）……6枚
- トマト（ざく切り）……60g
- 水……60g
- 冷凍グリーンピース……60g
- ストロングガラムマサラ（➡下記）……2g

ストロングガラムマサラ

材料（作りやすい分量）

- カルダモンホール……4g
- ブラックペッパーホール……4g
- フェンネルシード（無ければクミンシード）……2g

p.11を参照し、ストロングガラムマサラの材料をローストし、ミキサーで粉に挽く。このレシピでは、ここから2gを使用する。

1

Ⓐのパウダースパイスと塩を合わせておく。フライパンの重量をはかっておく。

2

冷たいままのフライパンに鶏ももひき肉を押しひろげ、中火にかける。ジリジリと音がし始めたら、4つくらいに割って、ハンバーグのように裏返す。

3

5分程度で少し焼き目がついてきたら、ざっくりほぐしながらひき肉全体に火を通していく。

ところどころに塊が残っても、この後の工程で勝手にほぐれていくので気にしない。むしろ少々残った方が、肉肉しい食感を楽しめる。

4

ひき肉に火が通って脂が滲み出てきたら、玉ねぎ、GGペースト、ししとう、カレーリーフ（あれば）を加える。

5

さらに炒めていく。

肉質により脂が出にくいようであれば、サラダ油を15g程度まで加えても良い。

6

玉ねぎにだいたい火が通って透き通ってきたら、❶のスパイスと塩を加え、さらに炒める。

7

スパイスの香りが立ってオイルが滲んできたら、トマトと水を加える。

> フレッシュのグリーンピースやさやいんげんを使う場合は、このタイミングで加える。

8

蓋をして弱火で10分程度煮込んだら、冷凍グリーンピースを加える。

9

混ぜながら煮詰めて水分を飛ばしていく。

10

水分が減ってきたら、ストロングガラムマサラを加える。

11

さらに煮詰めていく。

12

水分がほぼ無くなった状態。この時点で、仕上がり350gが目安。

> 火を止めて自然に冷めるまでおいておくと、ひき肉が煮汁を吸い戻し、ドライかつふっくらとした状態に。温め直しは電子レンジがおすすめ！

食材memo

【ししとう】

- 香味野菜のひとつとして、調理の初期段階で玉ねぎなどとともに炒めて使われます。
- スパイスとして使われるチリペッパーやタカノツメ同様、辛さも付与しますが、どちらかというと香りを重視したハーブ的な使い方とも言えます。
- 青唐辛子（グリーンチリ）はインドでは日常的に使われますが、日本だと常時入手は困難なので、本書ではししとうで代用しています。辛味はありませんが、香りはほぼ同じです。

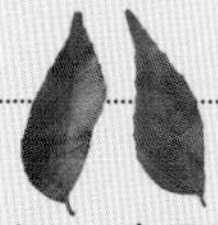

【カレーリーフ】

- 特に南インド料理において多用されます。ただし生の葉は日本では入手困難ですので、本書では、もし入手できれば使う、というスタンスで扱っています。

本格バターチキンカレー

AUTHENTIC BUTTER CHICKEN CURRY

生のトマトを煮詰めて作る、インド宮廷料理風の本格バターチキンです。と言っても、ソースの煮詰め加減さえ間違わなければ、そう難しくはありません。本書では材料の計量だけではなく、調理過程や仕上がりでも鍋中の重量を計測しますが、このレシピではそのことが特に重要な意味を持ちます。

バターチキンカレーというと、かなり甘めでもったりとしたイメージがあるかもしれませんが、こちらは生トマトならではのふくよかな酸味を軸にしており、甘みを抑えつつ上品かつコク深い仕上がりです。だからご飯と合わせてもおいしいのですが、ナン（p.120）やチャパティ（p.118）と合わせてももちろん最高です。またこういったタイプのカレーは、インド式のパンだけでなく、西洋式のパンとも合わせやすいのです。バゲットやイングリッシュマフィン、そして意外と食パンにも合います。

バターチキン本来の特徴として、具となるチキンとソースは別で調理するという点があります。チキンにはしっかりスパイスを効かせ、ソースの方にはあえて控えめで、というコントラストもまた、特別なおいしさのポイントです。

チキンの方は「チキンティッカ」として、それ単体で立派な一品料理となります。カレーの献立作りにとても重宝するので、この機会にぜひマスターしてください。

材料（2人分）

【チキンティッカ】

- 鶏もも肉（皮を取って一口大に切る）……200g
- ヨーグルト……30g
- GGペースト（➡p.9）……8g
- カイエンヌペッパー……0.5g（小さじ¼）
- ターメリックパウダー……0.5g（小さじ¼）
- パプリカパウダー……3g
- ガラムマサラ……2g
- レモン汁……4g
- 塩……2g

【バターチキンソース】

- バター……20g
- カルダモンホール（鞘を軽く割っておく*）……4粒
- カシューナッツ（粗く砕く）……20g
- GGペースト（➡p.9）……8g
- トマト（ざく切り）……300g
- 水……30g
- ガラムマサラ……1g
- 塩……2g
- ハチミツ……10〜20g（お好みの甘さで）
- カスリメティ（省略可）……ひとつまみ
- 生クリーム……60g

＊カルダモンの扱い方

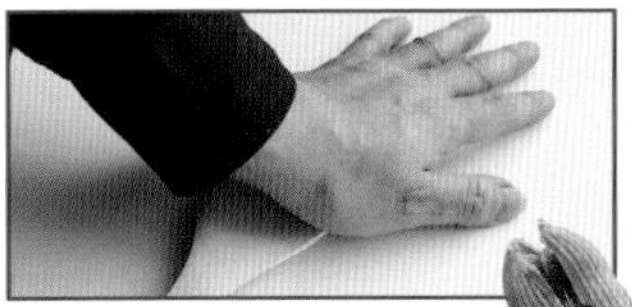

木ベラなどで上から押さえ、鞘を軽く割って、香りを出やすくする。

1

チキンティッカの材料を全て合わせ、漬け込んでおく。漬け込みは最低1時間、冷蔵庫で一晩以上漬け込むとなお良い。ベストは丸2日。

2

フライパンにサラダ油少々（分量外）を引き、❶を並べて中火にかける。

3

5分ほど焼いてこんがり焼き目が付いたら、ひっくり返す。蓋をして弱火にし、5分ほど蒸し焼きにする。

4

中まで火が通ったら、蓋を取って強火で焼き汁の水分を飛ばしながら肉にからめる。別皿に取り出しておく。

5

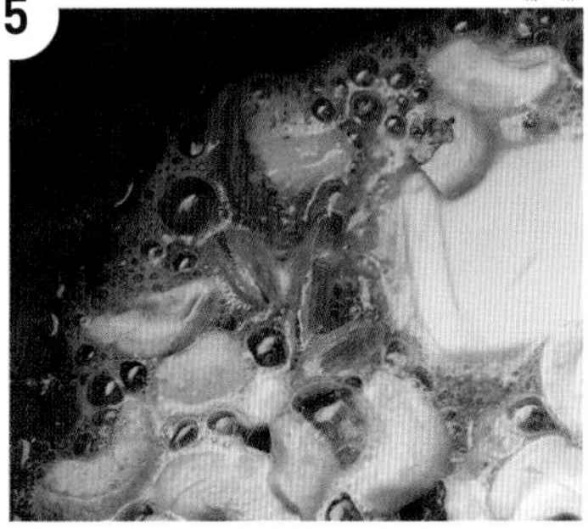

鍋の重量をはかり、バターを入れる。中火にかけ、溶けたらカルダモンとカシューナッツを入れる。

6

カルダモンがぷっくりふくれ、香りが出てきたら、バターが焦げる前にGGペーストを加える。

食材memo

【カシューナッツ】

▶ 水や牛乳などとともに、ミキサーでペースト状にして使います。

▶ 生クリームほどではありませんが、強いコクとマイルドさが加わるだけでなく、ルゥのようなしっかりしたとろみも加わります。

7

さっと炒める。

8

トマトと水を加え、トマトが柔らかくなるまで混ぜながら煮る。

9

トマトが柔らかくなり始めたら、ヘラでつぶしながら煮ていき、全体がとろりと一体化してきたら火からおろして冷ます。

実際の作業としては、この冷ましている間にチキンティッカを焼くと良い。

10

❾が冷めたら、ミキサーにかけてなめらかにし、また鍋に戻す。中火にかけて、200g程度になるまで煮詰めていく。

11

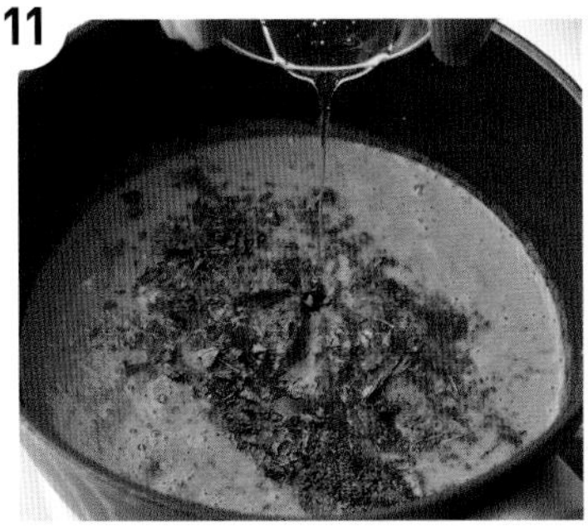

ガラムマサラ、塩、ハチミツ、お好みでカスリメティを加える。

12

1分程度なじませるように煮る。

13

❹のチキンティッカをソースに加える。

14

混ぜながら温める。

15

生クリームを加えてよく混ぜたら、完成。

この後はあまりグラグラ沸かさないこと。

食材memo

【生クリーム】

▶ 主に仕上げに使うことで、簡単にコクを与えることができます。あえてマイルドに仕上げたい時はヨーグルトではなくこちらを。

▶ 高脂肪である必要はありませんが、必ず純乳脂のものを選んでください。植物性のクリームは、加熱で分離することがあります。

濃厚ラムマサラ

RICH LAMB MASALA

「がっつりと肉を喰らう」、そんなイメージのパワフルな羊肉カレーです。

カレーと言うと、「おいしい汁の中に具材として肉が加えられている」というイメージを持ちがちです。しかし本来、肉類を使うインドカレーは、あくまで肉をおいしく食べるために工夫された料理なのです。汁の部分はあくまで副産物、とでも言いましょうか。ただその副産物だったはずの部分がやたらおいしい、というのもまたカレーの魅力ですね。

力強い味わいを作り出すために、玉ねぎは「フライドオニオン」にして、凝縮されたコクを引き出します。ラム肉は、あらかじめヨーグルトやスパイスなどでしっかりと漬け込みます。こういった肉そのものが主役となるカレーでは、特にこの手法が有効です。

仕上がりはまったりとしたテクスチャーに着地しますが、煮込み始めはあくまでサラサラとした煮汁の中で泳がせるように煮込んでいくことで、肉がふっくらと柔らかく仕上がります。それを最終工程で程よく煮詰めていくことで、濃度と凝縮感を出していくのです。

煮込み時間が長いカレーですので、その過程でスパイス、特にガラムマサラの鮮烈な香りが部分的に飛び、穏やかになっていきます。その失われた分のインパクトを取り戻すため、最後に香菜と「追いガラムマサラ」を加えます。こういう時に効果的なのが「ストロングガラムマサラ」ですが、自家製のものであれば、普通のガラムマサラも十分すぎるほどその役割を果たします。

材料（4人分）

【ラム肉漬け込み】

- ラム肉（ももまたは肩ロース。2.5cmの角切り）…… 500g
- ヨーグルト …… 50g
- 塩 …… 8g
- GGペースト（➜p.9）…… 32g
- コリアンダーパウダー …… 8g
- クミンパウダー …… 4g
- カイエンヌペッパー …… 2g
- ターメリックパウダー …… 2g
- ガラムマサラ …… 4g

【フライドオニオン】

- 玉ねぎ（繊維に直角に薄切り）…… 200g
- サラダ油 …… 100g

【炒め・煮込み】

- フライドオニオンのオイル …… 30g
- 水 …… 400g ～
- トマトピューレ …… 100g
- ストロングガラムマサラ（➜p.30または自家製ガラムマサラ➜p.11）…… ～4g
- 香菜（刻む）…… 8g

Inada's Voice

牛肉やマトンを使ってもおいしくできます。マトンと言うとクセが強くて硬いイメージもありますが、最近流通しているマトンは品質も良く、ラムとそれほど大きくは変わりません。ハラル食材店などに行くと、いろいろな骨付きの部位が混ざったマトンが安く売られていることがあります。少々食べづらいですが、味はこれが一番かも。ただしこちらは煮込み時間がラムの倍以上かかります。

1

ラム肉を漬け込む。材料を全て合わせ、最低1時間、できれば冷蔵庫で丸1日漬け込む。

2

フライドオニオンを作る。玉ねぎとサラダ油を弱火にかけ、徐々に温度を上げていく。

3

5分後、玉ねぎの水分が抜け、揚げている状態に。

4

さらに5分後、油温が150～160℃程度に上がり、玉ねぎが急激に色づき始める。

5

完全に色づく手前で、ザルでこす。この後、余熱と酸化でさらに色が濃くなる。写真は、こしてからしばらく経って、粗熱が取れた状態。

6

炒め・煮込みの工程に入る。鍋の重量をはかり、❺でこしとったオイルのうち30gを鍋に入れる。中火で温める。

残ったフライドオニオンのオイルは、他のカレーや炒め物に使え、香ばしさとコクを増すことができる。基本的には肉料理におすすめ。

7

❶のラム肉を漬け汁ごと全て鍋に加え、炒めていく。

8

ラム肉の表面に火が通り、オイルが滲み出てスパイス等の香りが立ってくるまで炒める。

9

水とトマトピューレ、フライドオニオンを加える。

10

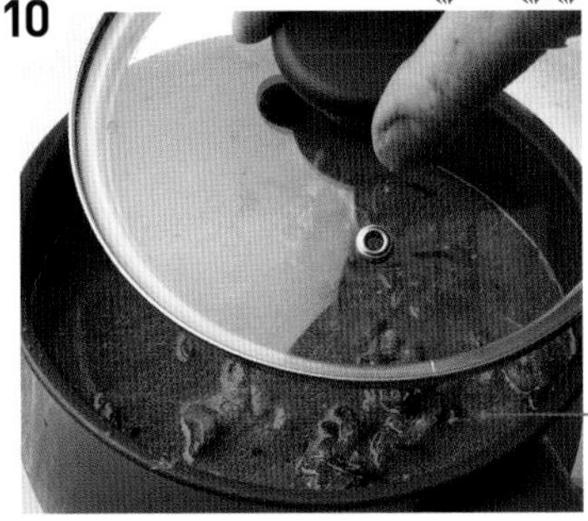

沸騰したら蓋をして弱火で煮込む。40～60分煮込み、肉がほぼ完全に柔らかくなっているのを確認したら、ここから中火で、仕上がり800gを目指して煮詰めていく。

この時点では肉が全て水分に浸かり、煮汁はサラサラした状態。

11

鍋中重量が800gに近づいたら、香菜を加える。

12

ストロングガラムマサラも加え、弱火でなじませるように煮込む。

13

重量が800gになったら火を止めて、そのまま自然に冷ます。

冷める過程で肉が水分を吸い戻し、程よいとろみが付く。

食材memo

【ヨーグルト】

- 本書では全て、無糖のプレーンヨーグルトを使います。
- カレー作りにおける副材料として最重要なもののひとつです。酸味・コク・風味が、カレーの味わいに奥行きを与えてくれます。
- ヨーグルトはよく「カレーをマイルドにするために用いられる」とも言われますが、その効果はあまり期待しない方が良いと思います。よほど酸味の無いヨーグルトを選んで使えば別ですが、インド料理にはむしろ酸味の強いものを少量使う方が味の上で効果的です。
- ヨーグルトをカレーに加える場合は、必ずホイッパーなどで入念になめらかにしてから。それをしないヨーグルトは、一見なめらかそうに見えても必ず細かいダマが残ります。

ベジタブルクルマ

VEGETABLE KURMA

南インド風のミックス野菜カレー。

インドの家庭的な野菜カレーは基本的に野菜一種類だけで作られることが多いのですが、このベジタブルクルマはやや例外的に、数種類の野菜を組み合わせて具材とします。

こういったタイプの少し贅沢な野菜カレーは、他にもいくつかのパターンがありますが、ここで登場する［じゃがいも・カリフラワー・にんじん・さやいんげん］の組み合わせはインドにおける最も定番的なミックス野菜と言えるでしょう。

中でもカリフラワーはインド人が大好きな野菜。カレーだけではなく、焼き物や揚げ物などにも使われる、おもてなしには欠かせない野菜です。

クルマとは、北インドから伝わった肉と乳製品を煮込む濃厚なカレー「コルマ」が、南インドの風土に合わせて、野菜とココナツミルクに置き換わった料理。そんな経緯もあり、南インドの菜食カレーには珍しく、カルダモンやクローブ、ベイリーフ、あるいはそれらを含むガラムマサラといった強いスパイスも使われます。旨味の素である香味野菜がしっかり使われ、またココナツミルクのコクも加わるため、菜食カレーながら満足感のある、いわばメインディッシュとしても十分な料理と言えます。

インド料理で重要な位置を占める菜食カレーの、言わば入門編です。

材料（2人分）

【野菜の蒸し煮】

- 野菜いろいろ（ここではじゃがいも、カリフラワー、にんじん、さやいんげんをだいたい同量ずつ。一口大）…… 計200g
- 水 …… 50g
- 塩 …… 2g
- ターメリック …… 1g
- ベイリーフ …… 1枚

Ⓐ 混ぜる

- コリアンダーパウダー …… 2g
- クミンパウダー …… 2g
- カイエンヌペッパー …… 1g
- パプリカパウダー …… 1g
- ガラムマサラ …… 1g
- 塩 …… 2g

- サラダ油 …… 30g
- マスタードシード …… 1g
- 玉ねぎ（ケララ切り➜p.7）…… 60g
- GGペースト（➜p.9）…… 16g
- トマト（ざく切り）…… 80g
- ココナツミルク …… 100g

食材memo

【ココナツミルク】

- ▶ ヨーグルトと並ぶ重要な副材料。コクやまろやかさだけでなく、その甘くエキゾチックな香りは、スパイスにも負けないインパクトがあり、特に南インド系のカレーには欠かせないものです。
- ▶ ココナツミルクは缶のものを使っても良いのですが、量の調整がしづらく、また製品によって濃さも様々ですので、本書ではココナツミルクパウダーをぬるま湯で溶いて使うことを推奨します。
- ▶ ココナツミルクパウダー25gとぬるま湯75gで、100gのココナツミルクが作れます。

1

野菜を蒸し煮にする。蒸し煮の材料を全て鍋に入れて混ぜ合わせ、蓋をして中火にかける。

2

沸騰したら弱火にし、野菜が柔らかくなるまで10分程度蒸し煮にする。

火が通った時点で、鍋底に少し水分が残る状態を目指す。水分が蒸発しすぎるようなら、干上がって焦げないよう水（分量外）を少し足す。

3

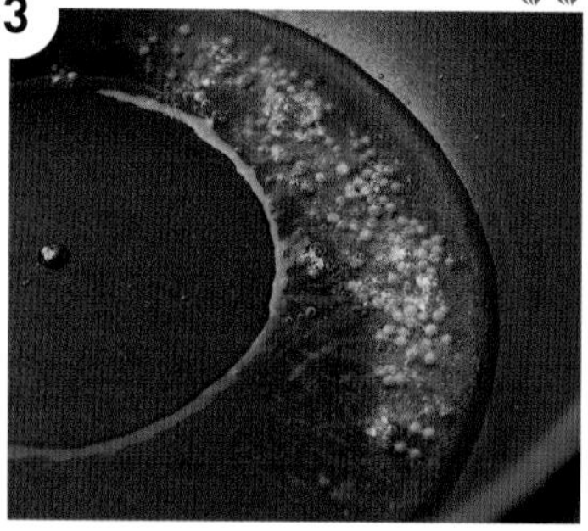

別の鍋の重量をはかり、サラダ油とマスタードシードを中火にかける。マスタードシードの周りにシュワシュワと細かい泡が立ち始め、続いてパチパチと乾いた音を立ててはじけ始める（約190℃）。

4

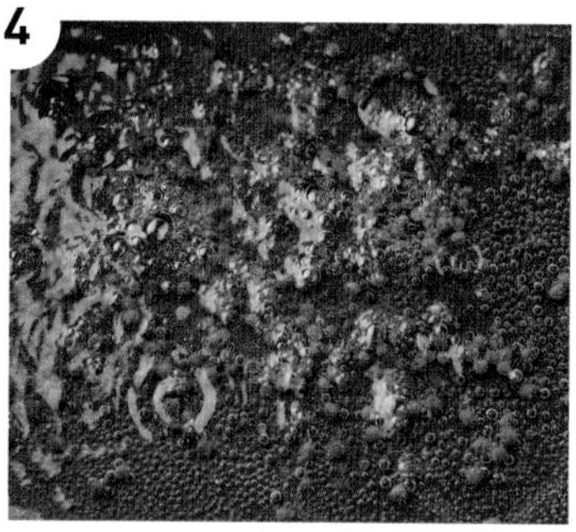

それ以上あまり油温が上がりすぎないように（220℃以下）、火加減をコントロールしながら、加熱を続ける。

5

パチパチ音が盛んになったら、それが落ち着く前にすかさず次の工程に移り、玉ねぎを加える（マスタードシードのテンパリングについて、詳しくはp.13参照）。

6

玉ねぎをよく混ぜる。これによって油温が下がり、マスタードシードが焦げてしまうことを防げる。

7

そのまま玉ねぎを中火～弱火で10分程度炒めていく。このカレーはこの後の煮込み時間がごく短いため、ここで玉ねぎがしっかり柔らかくなるまで火を通す。

焦げそうになったら水少々（分量外）を加え、加えた水分を飛ばしながらさらに炒める。

8

GGペーストを加え、中火で香りが立つまでさっと炒める。

9

トマトを加え、さらに炒める。

10

トマトが煮崩れてペースト状になってきたら、Ⓐのスパイスと塩を加える。

11

全体がなじんで表面にオイルが滲んでくるまで炒める。

12

❷の野菜の蒸し煮を汁ごと全て加える。鍋中重量を300gに合わせる。

13

さらにココナツミルクも加える。

14

沸騰したら、グラグラ煮立たせないよう軽く煮込み、全体がなじんだら完成。仕上がり重量は400g。

トマトクリーム海老カレー

TOMATO CREAM PRAWN CURRY

リッチでマイルドな海老カレーです。

海老を長く煮込まない分、玉ねぎは炒める段階でしっかり柔らかく火を通す必要があるため、ここでは電子レンジで半分がた加熱してから炒めます。トータルとしてさほど時短になるわけではありませんが、比較的少量の玉ねぎをしっかり炒める時には、焦げつきにくく便利な方法です。「王道のチキンカレー」（p.20）を半量で作る場合などにも応用できるテクニックです。

海老は、殻付きのものをむいて使ってください。いわゆる「むき海老」の方が気楽ではありますが、むき海老は食感が（プリプリしすぎで）不自然であることが多いだけでなく、ソースに旨味を放出しないため、インドカレーには向きません。

ただし、火を通しすぎると硬くなりやすいので、最小限の加熱で仕上げるのがおいしさのコツです。そのために、背中に切り目を入れることで火の通りを均一にします。

海老カレーはインドでは他の動物性食材に比べて少ないスパイスで仕立てられることが多く、このカレーも、クミンもガラムマサラも使わない少し珍しい構成です。それでもしっかりおいしく仕上がるのは、海老という食材の力と、トマトと生クリームをふんだんに使用するリッチなグレイヴィのおかげ。

辛味もほぼ無いに等しい仕上がりです。ただしもちろん好みによって辛く調整しても大丈夫ですので、材料表の表記に従って、お好みでカイエンヌペッパーを足して調整してください。

材料（2人分）

- Ⓐ
  - 玉ねぎ（みじん切り）…… 120g
  - 水 …… 10g
  - 塩 …… 1g
- 海老（無頭・殻付き）…… 100g
- Ⓑ
  - コリアンダーパウダー …… 2g
  - ターメリックパウダー …… 1g
  - パプリカパウダー …… 1g
  - ブラックペッパーパウダー …… 1g
  - カイエンヌペッパー お好みで（0〜最大1g）
  - 塩 …… 2g
- サラダ油 …… 30g
- GGペースト（➔p.9）…… 16g
- トマトピューレ …… 100g
- 生クリーム …… 100g
- カスリメティ（省略可）…… ひとつまみ

食材memo

【海老】

▶ インドでは地域によっては魚介類をほとんど食べない人々もいるが、海老だけは、やや例外的に広く好まれている。海老のカレーは比較的シンプルなスパイスで仕立てられることが多い。

1

Ⓐの玉ねぎ、水、塩を耐熱容器などで混ぜ、500〜700Wの電子レンジに3分ほどかける。

2

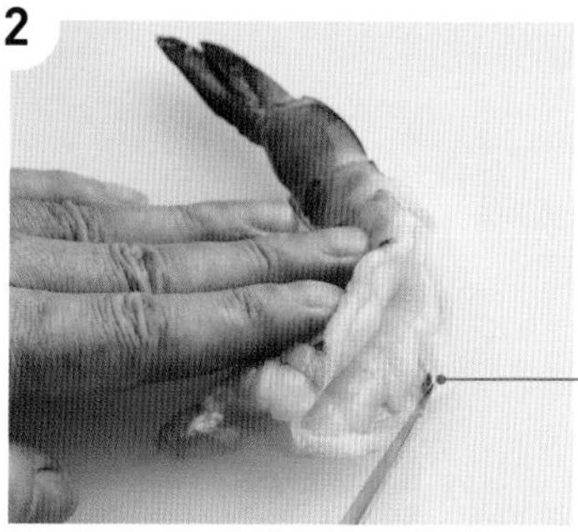

海老の殻をむき、背中に切り目を入れて背ワタを取っておく。

背ワタはペティナイフの先でこそげ取ると良い。

3

Ⓑのパウダースパイスと塩を合わせておく。

4

鍋にサラダ油と❶を、中火にかけて炒める。

5

全体に油が回ってジュウジュウ音がし始めたら、蓋をして弱火に落とす。

6

そのまま15分を目安に蒸し炒めする。焦げ付かないよう、ときどき確認がてら混ぜる。玉ねぎが焦げそうになったら水少々（分量外）を加え、加えた水分を飛ばしながらさらに炒める。

7

玉ねぎが完全に柔らかくなったら、GGペーストを加え、中火で炒める。

8

GGペーストの香りが立ち、表面にオイルが滲んできたら、❸のスパイスと塩を加える。

9

かき混ぜながら炒め、再び表面にオイルが滲んできたら、トマトピューレを加える。

10

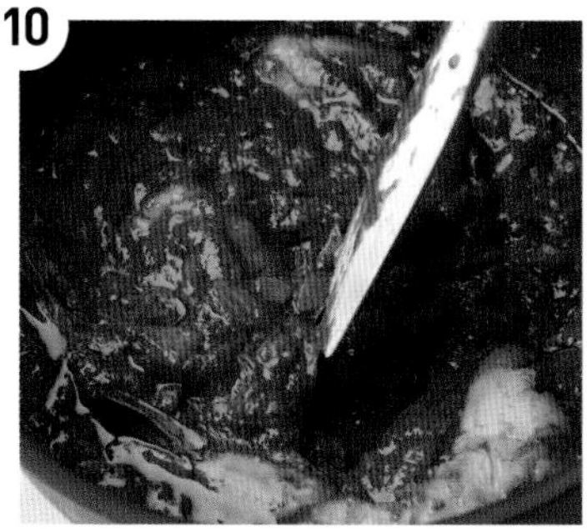

さらにかき混ぜながら火を通し、全体がフツフツ沸いてきたら、❷の海老を加えて、全体を優しく混ぜながら火を通す。

11

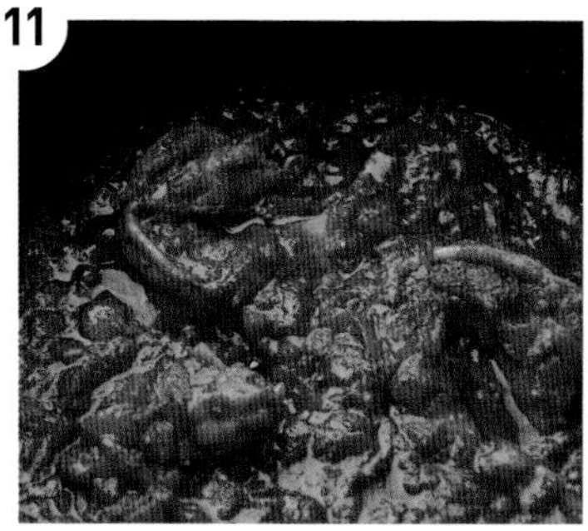

海老が丸まって「視力検査のC」のようになったらほぼ火が通っているはずなので、次の工程に移り、余熱で完全に火を通す。

12

生クリームを加え、グラグラ沸かさないよう、全体を優しく沸騰させ、お好みでカスリメティを加える。

13

全体を混ぜ、一呼吸おいて火を止める。

Inada's Voice

グレイヴィという言葉は本来「肉汁」を意味しますが、インド料理におけるそれは、肉のダシを抽出しているかどうかには関係なく、カレーの煮汁部分、言い換えれば主材料以外の部分を指します。このレシピは「トマトグレイヴィ」を一旦完成させてからその中で海老にさっと火を通す、という点がポイント。海老以外でもいかや白身魚など淡泊な魚介によく合います。いずれの場合も火を通しすぎないのがおいしく仕上げるコツです。

Curry

ネパール風ポークカレー

NEPALESE STYLE PORK CURRY

ネパールで日常的に食べられるタイプの、サラサラとしたスープ状に仕上がるポークカレーです。

フェヌグリークシード（メティ）を焦茶色になるまでしっかり加熱する「焦がしメティ」の手法が特徴的。その甘く香ばしい香りが、ほのかな苦味とともに、味わいに深みをもたらします。ここでは後からクミンを加える「時間差テンパリング」もマスターしてください。

このカレーのもうひとつの特徴が「後入れ GG ペースト」です。ニンニクと生姜を、炒める作り方ではなく、その後の煮込み工程で、しかもたっぷりと入れる手法。つまり、香ばしさは焦がしメティと玉ねぎに任せ、ニンニクと生姜の刺激的な風味をなるべくフレッシュな状態で生かす、というのがその狙いです。ですのでこのレシピでは、チューブのニンニクや生姜での代用は不可です。チューブだとどうしても、最後まで不快な風味が残ってしまいます。

このカレーは、とてもご飯が進む味わいです。バスマティライスなどの長粒米はもちろんですが、普通の日本米でも不思議なほどしっくりくるはず。現地では山盛りのご飯に少しずつ混ぜて食べられます。そんな現地風の味わいに調整する方法も、作り方の最後で付け加えています。どこか濃厚ラーメンスープのような、ある種ジャンクな味わいに仕上がるアレンジですが、たまにはこういうのも良いものです。

材料（4人分）

Ⓐ
- コリアンダーパウダー …… 4g
- クミンパウダー …… 4g
- ターメリックパウダー …… 4g
- カイエンヌペッパー …… 2g
- パプリカパウダー …… 2g
- ガラムマサラ …… 4g
- 花椒パウダー（あればティムール<ネパール山椒>。いずれも省略可） …… 2g
- 塩 …… 8g

- サラダ油 …… 30g
- フェヌグリークシード …… 1g
- タカノツメ（縦半分に切って種を取る） …… 2本
- クミンシード …… 2g
- 玉ねぎ（ケララ切り➔p.7） …… 120g
- トマト（ざく切り） …… 80g
- 豚肩ロース肉（2.5㎝の角切り） …… 400g
- 水 …… 350g
- GGペースト（➔p.9） …… 64g
- 香菜（刻む） …… 8g

Inada's Voice

仕上げに、「そのままではしょっぱすぎるけど、いかにもご飯が"モリモリ進みそう」というくらいまで思い切って塩味を決めます。好み（もしくは価値観）によっては、うま味調味料（分量外）を最大2gまで加えると、より現地風の味に近付きます。

1

Ⓐのパウダースパイスと塩を合わせておく。

2

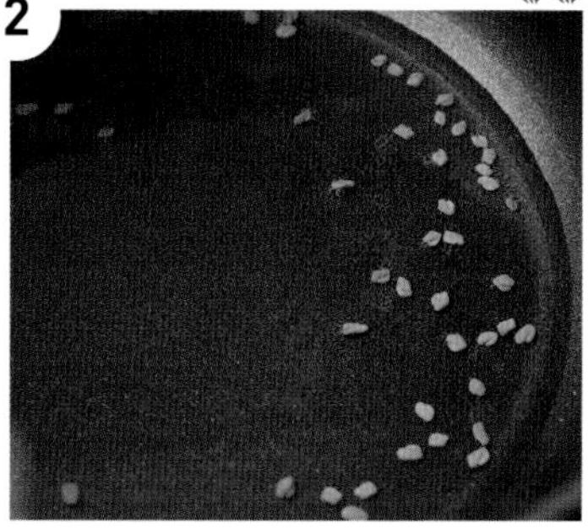

鍋の重量をはかり、サラダ油とフェヌグリークシードを入れて中火にかけ、熱していく。

3

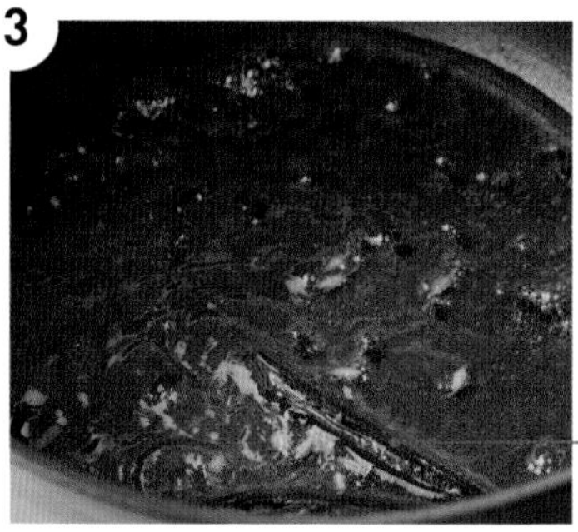

フェヌグリークシードが少し色づき始めたら、タカノツメを加える。

どちらも最終的には黒く焦げても良い。

4

フェヌグリークシードが黒褐色になったら、クミンシードを加える。油温は十分に上がっているはずなので、すぐにクミンシードの香りは立ち、色づき始める。

5

クミンシードが焦げてしまう前に、玉ねぎを加えて炒める。

6

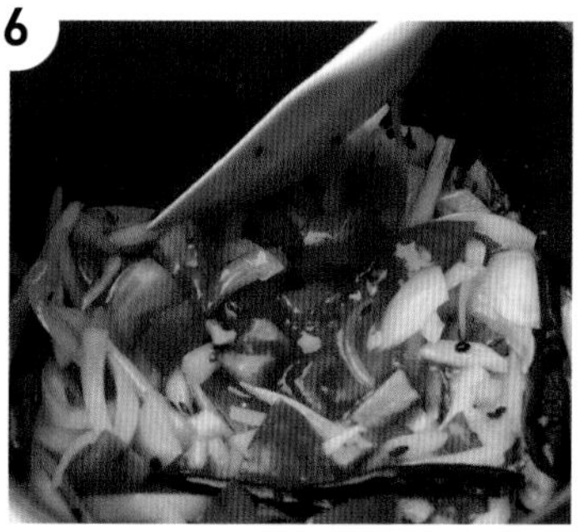

玉ねぎが色付くまで炒めたら、トマトを加えてさらに炒める。

スパイスmemo

【フェヌグリークシード】

▶ インドやネパールでは「メティ」と呼ばれる。このレシピのように、あえて黒っぽく焦がして使う手法はネパールで多く見られ、甘く香ばしい香りが独特の効果をもたらす。元々がとても苦いスパイスなので、焦がしてもそれ以上苦味が増さないという考え方でもあるらしい。

7

トマトが煮崩れてペースト状になったら、❶のスパイスと塩を加える。

8

炒めるとオイルが表面に滲んで香りが立ってくる。

9

豚肉を加えて炒める。

10

豚肉の表面に火が通り、表面にオイルが滲んできた状態。

11

水とGGペーストを加える。

12

全体を混ぜて、沸騰したら蓋をして弱火で煮込む。

13

30分程度煮込んで肉が柔らかくなったら、重量を確認する。

14

仕上がり800gを目指して、水分を調整。仕上がり重量に近づいたら味見をする。

このカレーは塩気をギリギリまで強めた方がおいしいので、味見しながら最大4gを目安に塩（分量外）を足す。

15

味が決まったら、香菜を加え、なじませる程度に軽く煮込んで完成。

クイックカレー2種

2 QUICK CURRY RECIPES

ここまで、インドのオーセンティックな技法に忠実に、丹念に作り方を追って完成させるカレーを紹介してきました。

しかし､日によってはもっと「時短」や「手抜き」をしたいこともきっとありますよね！

実際のところインドには、ごくごくシンプルな材料で、あっという間にできるカレーが山のようにあります。ただしちょっと問題なのは、そういうシンプルなカレーほど、日本人にとってはカレーらしくない、好き嫌いも分かれてしまうものが多いということです。

そういったややマニアックなシンプルカレーは、後の章で少し触れるとして、ここでは日本人なら誰もが素直においしいと思えるであろう、シンプルながら極めてキャッチーなチキンカレーを2種類、厳選してご紹介します。

これだけシンプルでもしっかり印象的なおいしさに仕上がるのが、スパイスの力であり、またインドカレーの懐の深さと言っていいでしょう。シンプルなだけに、ちょっとした加減でぐっとおいしさが増すカレーでもありますが、ここまでのレシピで基本をしっかりマスターした方なら、それもお茶の子さいさいだと思います！

忙しい日のご飯に、あるいは2種類以上のカレーを用意したい時の2番手、3番手に、きっと重宝すると思います。

クイック
スパイシーチキン
カレー

QUICK SPICY CHICKEN CURRY

「さっと炒めてさっと煮込むだけ」で、あっという間にできるのに、これぞインドカレー！　という趣の、サラッとスパイシーなチキンカレーです。こういうカレーは、鶏肉は皮付きでも構いません。スーパーでよく売っている「から揚げ用カット鶏もも肉」を使えば、さらにお気楽です。

材料（2人分）

- Ⓐ
  - 鶏もも肉（皮付きでもOK。一口大）……160g
  - 塩……4g
  - GGペースト（➔p.9）……16g
  - コリアンダーパウダー　4g
  - クミンパウダー……2g
  - カイエンヌペッパー……1g
  - ターメリックパウダー　1g
  - ガラムマサラ……2g
- サラダ油……15g
- 玉ねぎ（ケララ切り➔p.7）……120g
- トマト（ざく切り）……80g
- 水……100g

1

Ⓐの材料を合わせて揉み込んでおく。

2

鍋の重量をはかり、サラダ油と玉ねぎを中火にかけ、さっと炒める。

3

玉ねぎがしんなりしてきたら❶を加えてさらに炒める。

4

肉の表面の色が変わり、スパイスの香りが立ったらトマトと水を加え、沸騰したら蓋をして弱火で10〜15分煮込む（仕上がり重量目安400g）。

クイック バターチキン カレー

QUICK BUTTER CHICKEN CURRY

さっとマリネして焼いたチキンをトマトとクリームのソースで軽く煮込むマイルドなチキンカレーです。玉ねぎが入らない分、炒める工程が不要なのも嬉しいポイント。鶏肉のマリネは、混ぜ合わせたらすぐ焼いても大丈夫ですが、これだけ前日にやって、1日漬け込みっぱなしでも大丈夫です。

材料（2人分）

Ⓐ
- 鶏むね肉（皮を取って一口大にそぎ切り）……160g
- ヨーグルト……30g
- GGペースト（➜p.9）……16g
- 塩……2g
- ターメリックパウダー……1g
- カイエンヌペッパー……0.3g（ひとつまみ）
- ガラムマサラ……2g

- バター……15g
- トマトピューレ……100g
- 水……50g
- 砂糖……10g
- 塩……2g
- 生クリーム……100g

1

Ⓐの材料を合わせる。

2

鍋の重量をはかり、バターを熱し、❶のチキンを表面の色が変わるまで中火で炒める。

3

トマトピューレ、水、砂糖、塩を加え、混ぜ合わせながら、沸騰したら蓋をして弱火で10分煮込む。ここで重量300g強に合わせる。

4

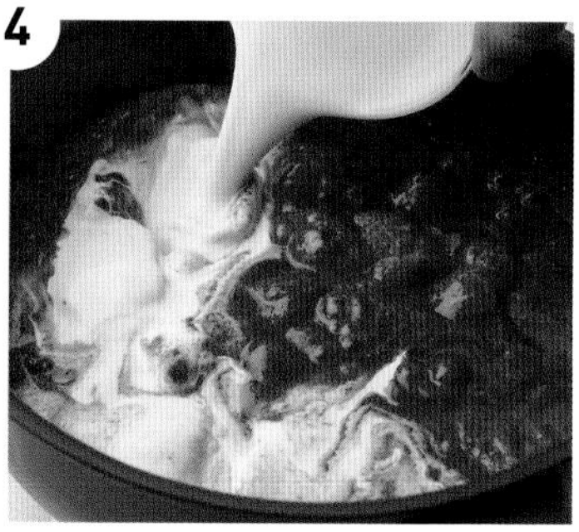

生クリームを合わせ、軽く沸かす。

第2章

よりディープに！ ローカルなインドカレー

LOCAL INDIAN CURRY

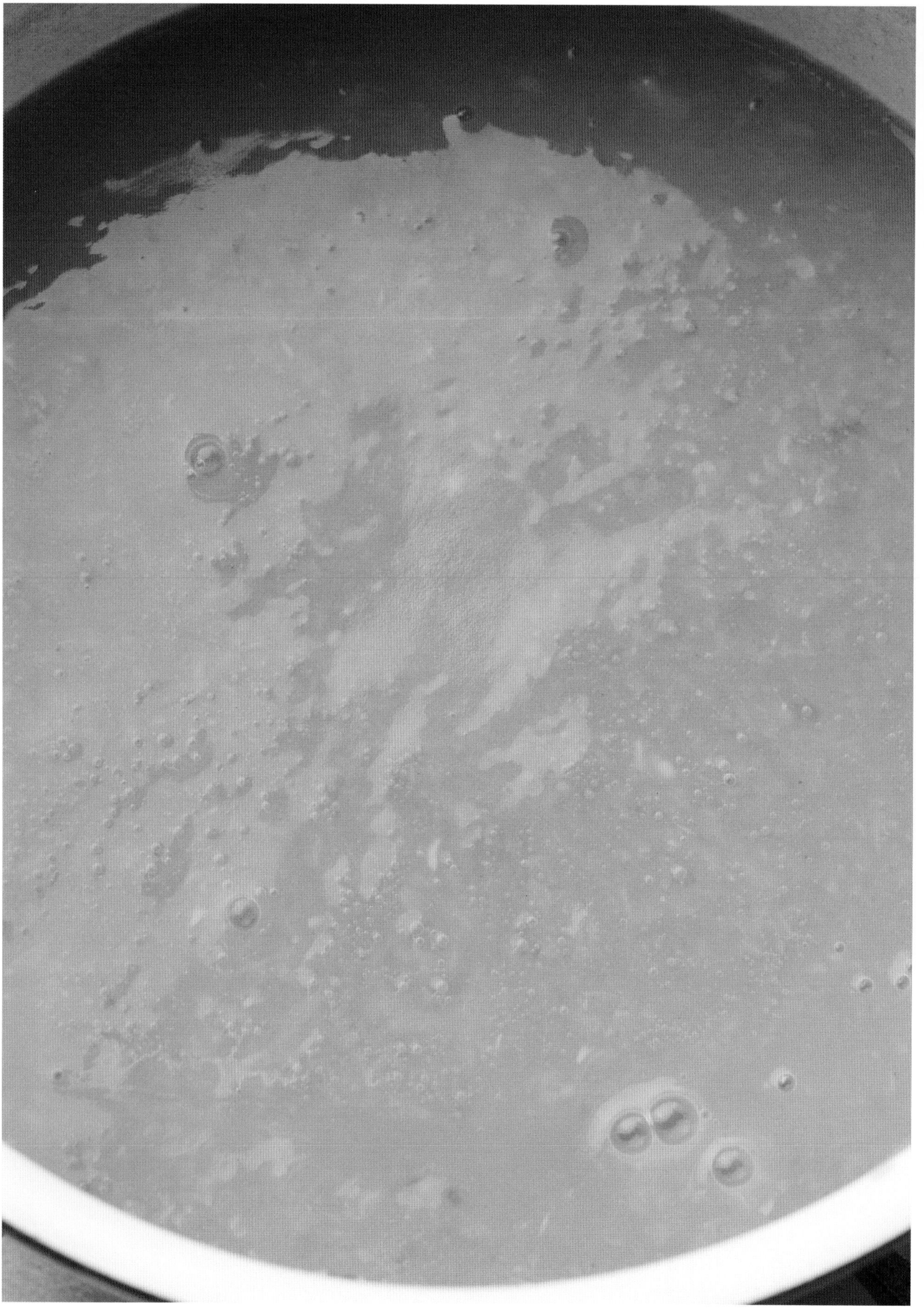

ダールベース

DAL BASE

日本で一般的なインドカレーのイメージの中心には、チキンカレーやキーマカレーなど肉類のカレーがあるかもしれませんが、インドにおいては、動物性の食材を使わないベジ料理の方が圧倒的に主流です。インドはベジタリアンの多い国であることもその大きな理由ですが、ノン・ベジタリアンでも肉料理はせいぜい週に一回くらいしか食べないということも珍しくなく、食生活の中心はやはり菜食料理なのです。

その菜食料理の中心にあるのが、タンパク質が豊富でかつ安価な「豆」。そしてインドではひよこ豆やインゲン豆などの原型のままの大粒の豆ももちろん食べられますが、むしろリョクトウやレンズ豆など小粒の豆を挽き割りにした「ダール」の方が生活の中心です。ダールは素材の名称であるとともに、同時にそれを使った料理も指します。「ダール」をポタージュ状に柔らかく煮込んでシンプルな味付けを施した「ダール」は、インドでは毎日のように食べられており、言うなれば日本における「お味噌汁」のようなもの。そしてお味噌汁がそうであるように、ダールにも地域や家庭ごとに様々なバリエーションがあります。

ここではまず、そんな様々なダールに展開するための基本となる「ダールベース」の作り方をご紹介します。

MAKE DAL BASE

HOW TO

ダールベースの作り方

材料（4～8人分・仕上がり800g）

ムングダル（またはマスールダル、または混合）……160g
水……1000g～
ニンニク（つぶす）……24g
ターメリックパウダー……2g
塩……6g

食材memo

【ムングダル】

▶ リョクトウを二つ割りにして皮を除いたもので、インド全土で日常的に食べられている。クセが少なく、比較的早く煮える。

1

ムングダルを洗ってザルで水気をきる。

2

鍋の重量をはかり、❶と水を入れて中火にかける。最初はくっつきやすいので、しばらくは混ぜながら煮る。

3

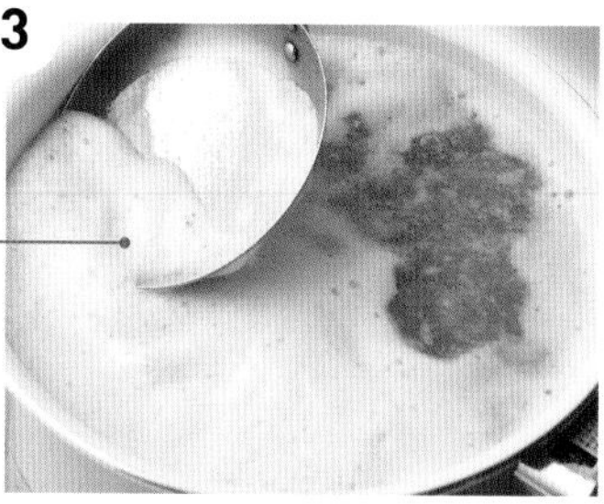

沸騰したらアクをすくう。

ここでしっかりアクを取っておくと、この後吹きこぼれにくい。

4

ニンニク、ターメリックパウダー、塩を加えて、蓋をして弱火で45～60分、指先で簡単につぶれるくらい柔らかくなるまで煮込む。

5

吹きこぼれそうなら、蓋を少しずらして煮込む。水分が減りすぎるようなら、適宜水を足し、仕上がり800g強を目指す。

6

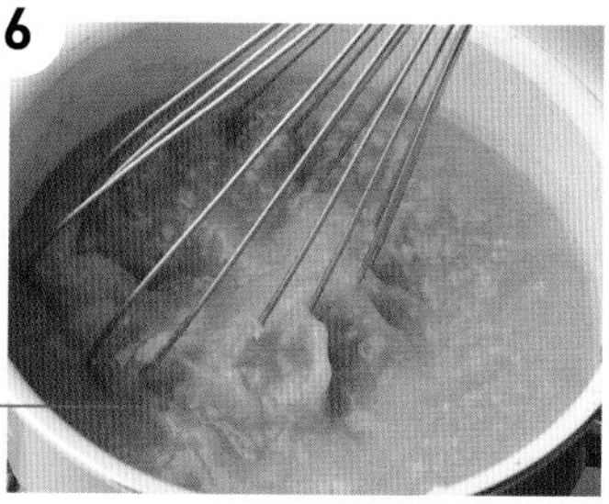

ムングダルが完全に柔らかくなったら、ホイッパーなどで攪拌し、ポタージュ状に仕上げる。

どの程度粒を残すかで、味わいが変わる。最初はなるべくなめらかにつぶした方が、慣れていない方でも食べやすい。

ダールタルカ

DAL TADKA

ダールを煮たものにテンパリングで最小限の風味を加えたインドの日常食。シンプルであるが故に、毎日でも飽きのこない滋味豊かな味わいです。

チャパティを浸したり、ライスにザバッとかけたり、これこそがインド料理の基本です。

材料（1人分・サイドディッシュとして2人分）

ダールベース（➜p.58）…… 200g
水 …… 30g
サラダ油 …… 10g
クミンシード …… 1g
タカノツメ（縦半分に切って種を取る）…… 1本
玉ねぎ（みじん切り）…… 30g
バター …… 5g

1

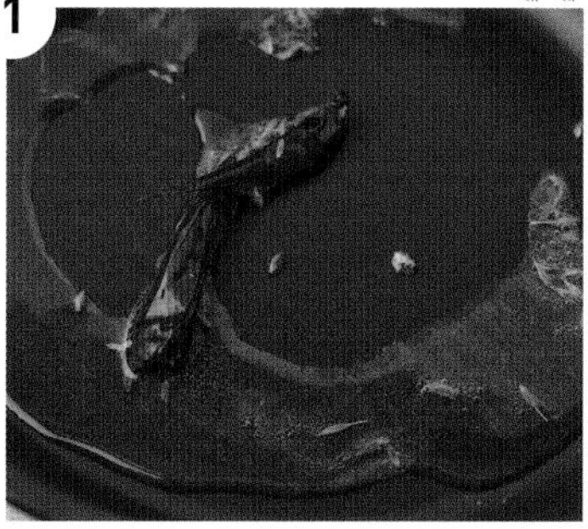

鍋にダールベースと水を加え、火にかけて温めておく。フライパンにサラダ油、クミンシード、タカノツメを入れ、中火にかける（テンパリング）。

2

クミンシードが少し色づき、香りが立ったら、玉ねぎとバターを加える。

3

さっと炒める。

4

❶のダールの鍋に加えて完成。

ダールフライ

DAL FRY

「フライ」という名称から揚げ物をイメージしてしまうかもしれませんが、元々英語の fry は和製英語の「フライ」よりずっと意味が広く、例えば目玉焼きも英語ではフライドエッグです。インド英語におけるフライはさらに意味が広く、炒めたり煮詰めたりする工程が重要な料理やフライパンや浅い鍋で仕上げられる料理は、一見煮込み料理のようでもフライと呼ばれることがあります。

このダールフライは、香味野菜やスパイスとともにダールを炒めるイメージで煮込み、最終的にもったりとしたリッチな味わいに仕上げます。前出のダールタルカより幾分「カレー」のイメージに近いダールであるとも言えます。日本のインド料理店で「豆カレー」として提供されているものは、ほぼこのタイプ。コクのある味わいが、ナンにもよく合います。

材料（2人分）

- Ⓐ クミンパウダー……1g
- Ⓐ カイエンヌペッパー……0.5g
- Ⓐ 塩……1g

サラダ油……20g
クミンシード……1g
タカノツメ（縦半分に切って種を取る）……1本
玉ねぎ（みじん切り）……60g
ししとう（斜め小口切り）……2本
香菜（茎や根でもよい。刻む）……5g
バター……10g
トマト（ざく切り）……80g
ダールベース（➜p.58）……300g

【トッピング】
香菜（刻む）**・せん切り生姜**……**各適量**

1

Ⓐのスパイスと塩を合わせておく。

2
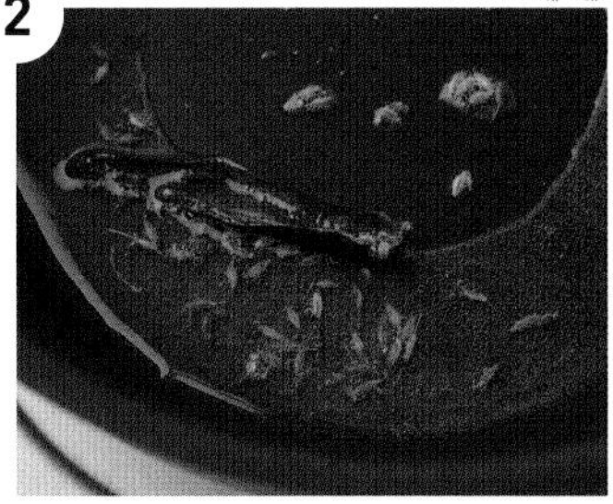
フライパンにサラダ油、クミンシード、タカノツメを入れ、中火にかける（テンパリング）。

3

クミンシードが少し色づき香りが立ったら、玉ねぎ、ししとう、香菜、バターを加えて炒める。

4

玉ねぎが柔らかくなり少し色づいたら、トマトを加えてさらに炒める。

5

トマトが煮崩れた状態。

6

❶のスパイスと塩を加え、香りが立つまで炒める。

7

ダールベースを加える。

8

よく混ぜながら軽く煮込む。必要なら水少々（分量外）を加え、とろりとした濃度に仕上げる。器に盛って、トッピングをのせる。

ムングダールラッサム

MOONG DAL RASSAM

ダールを言わば「昆布だし」のように使った、南インドならではの酸っぱ辛いスープ。味の決め手は、ブラックペッパーとニンニクのストロングな風味と、タマリンドのどこかフルーティかつコクのある酸味。いかにも南インドらしい味わいの料理のひとつであり、当地では体調維持や食欲増進の目的も含めて日常的に食べられている料理でもあります。スープとして飲むだけでなく、ライスにザバッとかけてお茶漬け感覚でサラサラと食べるのがその真骨頂。

南インドでは「ツールダル」という種類の豆が使われることが多いのですが、ここではムングダルを使ったダールベースからの展開としてご紹介。もしツールダールが入手できれば基本的な調理法は同じです。煮込み時間は少し長くかかりますが、より個性的な風味に。

材料（2人分・サイドディッシュとして4人分）

Ⓐ
- ブラックペッパーパウダー……4g
- クミンパウダー……1g
- カイエンヌペッパー……1g
- 塩……4g

【タマリンド水】
- タマリンド……10g
- 水……100g

- ダールベース（➔p.58）……100g
- 水……100g
- トマト（ざく切り）……160g
- 香菜（細かく刻む）……8g
- サラダ油……10g
- マスタードシード……2g
- タカノツメ（縦半分に切って種を取る）……1本
- カレーリーフ（省略可）……ひとつまみ

1

Ⓐのスパイスと塩を合わせておく。

2

p.80を参照して、タマリンド水を作っておく。

3

鍋にダールベース、水、❶、❷を合わせ、中火にかける。

4

沸騰したらトマトと香菜を加え、蓋をして、トマトが煮崩れるまで軽く煮込む。

5

煮込み終わりの状態。

6

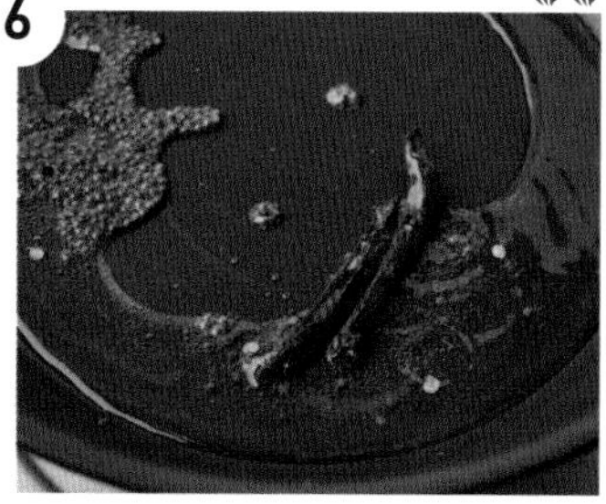

フライパンにサラダ油、マスタードシード、タカノツメを入れ、中火にかける（テンパリング）。

7

マスタードシードがはじけたらカレーリーフ（あれば）を加える。

8

すぐに火を止め、すかさず❺の鍋に加える。

アルゴビマサラ

ALOO GOBI MASALA

野菜だけで作る汁気の無いカレーは「サブジ」と総称され、インドではダールと並ぶ日常食ですが、その中でも代表的なもののひとつがこの「アルゴビマサラ」です。インドでは単に「アルゴビ」と呼ばれることが多く､直訳すると「じゃがいもカリフラワー」という、“そのまんま”な名称。和食で言うところの「肉じゃが」みたいなものですね。

じゃがいももカリフラワーも、淡泊でこれといった特徴の無い素材というイメージがあるかもしれませんが、実はどちらもそれ自体に豊富な旨味を含む極めて優秀な食材なのです。スパイスのチカラでその個性を最大限に引き出すこの料理は、インド菜食料理の傑作中の傑作と言っても過言ではないでしょう。主役としても脇役としても攻守万全なこの料理、ぜひ日常的なレパートリーに加えておいてください。

材料（2人分）

Ⓐ
- コリアンダーパウダー……1g
- クミンパウダー……1g
- ターメリックパウダー……1g
- カイエンヌペッパー……1g
- ガラムマサラ……少々（0.3g）
- 塩……2g

Ⓑ
- じゃがいも（皮をむいて角切り）……150g
- カリフラワー（食べやすい大きさに分ける）……120g
- さやいんげん（2cmほどに切る）……30g
- ターメリックパウダー……少々（0.3g）
- 水……100g
- 塩……2g

サラダ油……30g
クミンシード……1g
タカノツメ（縦半分に切って種を取る）……1本

Ⓒ
- 玉ねぎ（ケララ切り➜p.7）……60g
- GGペースト（➜p.9）……16g

トマト（ざく切り）……80g

1

Ⓐのスパイスと塩を合わせておく。鍋の重量をはかっておく。

2

鍋にⒷの材料を入れて中火にかけ、蓋をし、やや硬めに火が通るまで3分程度蒸し煮にする。

3

フライパンにサラダ油、クミンシード、タカノツメを入れ、中火にかける（テンパリング）。クミンシードが少し色づき香りが立ったら、Ⓒを加え炒める。

4

玉ねぎが柔らかくなり、半透明になったらトマトを加えてさらに炒める。

5

トマトが煮崩れたら、❶を加えて炒める。

6

スパイスの香りが立ったら、❷を蒸し汁ごと加え、全体をよく混ぜて蓋をして弱火にする。

水分が足りなければ、水を少し足す。

7

野菜が完全に柔らかくなったら、蓋を取って水分を飛ばすように混ぜながら煮る。

8

野菜は最終的に少し煮崩れるくらいがおいしい。仕上がり目安は400g。

オクラのタマリンドカレー

TAMARIND CURRY WITH LADY FINGER

はっきりとした酸味を軸にしつつ香味野菜やスパイスで重層的に仕上げる味わいは、インドで特に好まれる味のひとつです。

これは日本のインド料理店では滅多に見かけることの無いタイプの料理ですが、日本人にとっても、どこか「おばあちゃんの田舎料理」的な不思議な懐かしさを感じさせてくれます。マメ科のスパイスであるフェヌグリークをテンパリングしてから煮込んだ時の風味がどこか味噌や醤油にも通じるものがあるのと、実際に口に運んだ時のタマリンドの酸味が梅干しにも似ているからでしょうか。

このタイプの料理は、なすや瓜類でもよく作られます。夏野菜が豊富に出回る暑い時期には、特におすすめの一品です。

材料（1人分・サイドディッシュとして2人分）

Ⓐ
- コリアンダーパウダー……4g
- カイエンヌペッパー……1g
- ターメリックパウダー……1g
- 塩……3g

【タマリンド水】
- タマリンド……10g
- 水……100g

- オクラ（1本を2〜3等分に切る）……1パック（約60g）
- サラダ油……15g
- マスタードシード……1g
- フェヌグリークシード……ひとつまみ（0.3g）
- タカノツメ（縦半分に切って種を取る）……1本

Ⓑ
- カレーリーフ（省略可）……ひとつまみ
- 玉ねぎ（ケララ切り➜p.7）……60g
- GGペースト（➜p.9）……12g
- ししとう（斜め小口切り）……1本
- 香菜（茎や根でもよい。刻む）……3g

- トマト（ざく切り）……80g

1

Ⓐのスパイスと塩を合わせておく。p.80を参照して、タマリンド水を作っておく。

2

サラダ油（分量外）を引いたフライパンで、オクラを焼く。やや多めのオイルで揚げ焼きするように、少しカリッとなって色づくくらいしっかり焼いて取り出しておく。

3

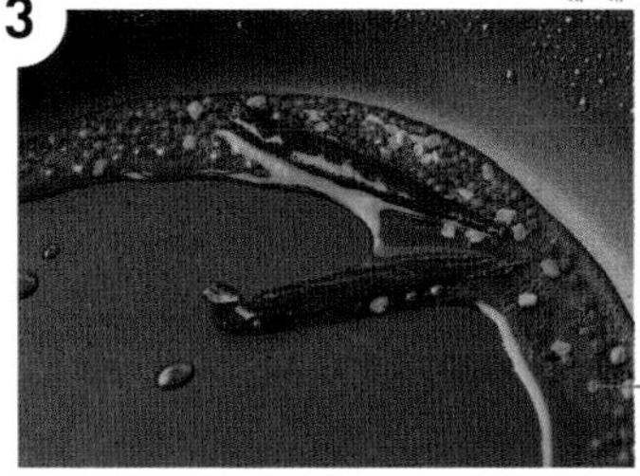

フライパンにサラダ油、マスタードシード、フェヌグリークシード、タカノツメを入れ、中火にかける（テンパリング）。

サラダ油は❷で残ったものも使っても良い。

4

マスタードシードがはじけたら、Ⓑの材料を全て加え、玉ねぎが柔らかくなるまで炒める。

5

❶のスパイスと塩を加えて炒める。

6

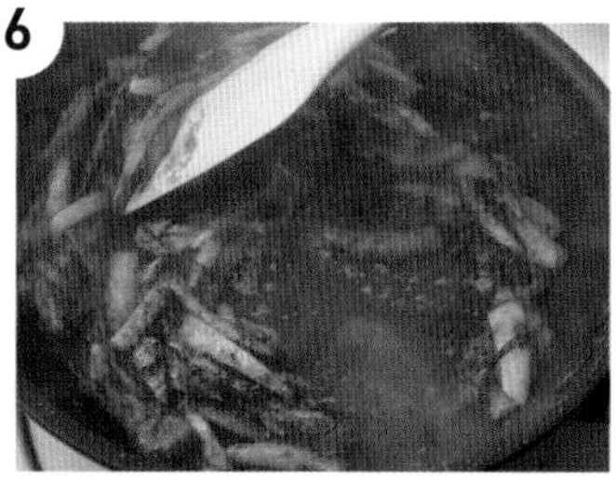

水分が少なくて炒めにくいようなら、❶のタマリンド水の一部を先にここで加えて炒める。

7

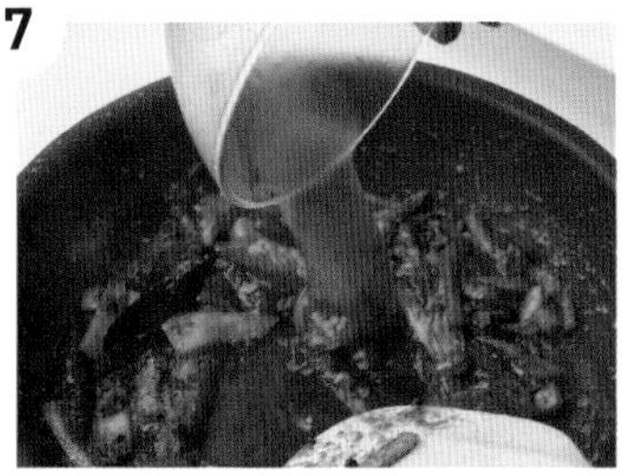

❶のタマリンド水とトマトを加える。

8

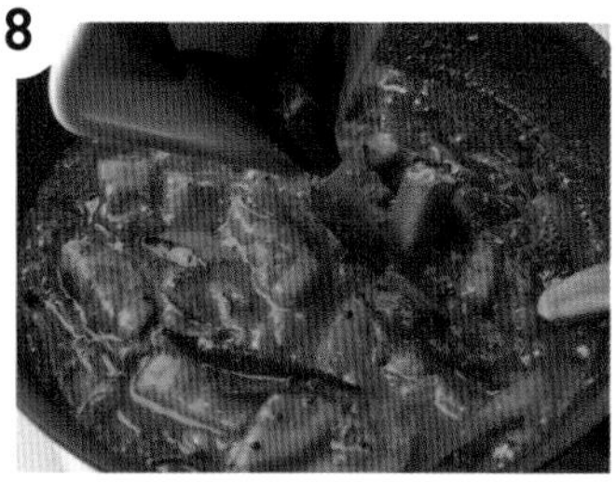

トマトが煮崩れ始めたら❷のオクラを加え、さっと煮る。

アヴィヤル
AVIAL

南インドを代表する菜食カレーのひとつ。作るのは比較的簡単ですが、むしろ「味わう」ことが難しい料理かもしれません。なぜならば、日本人にとっては完全に未知の味わいだからです。いわゆるカレーとは全く異なる味のカレーですが、もしこれを素直においしいと思えれば、あなたは真の南インド料理好きかもしれません。

アヴィヤルは南インドならではの料理で、地域ごとにも大きく分けて２種類のバリエーションがあります。ひとつは蒸し煮にした野菜をスパイス入りのココナツペーストで胡麻和えや白和えのように和えて作るパターン、もうひとつがそこにヨーグルトも加わり少し汁気のあるパターン。このレシピは後者にあたりますが、日本では生のココナツ果肉は入手が難しいため、ココナツミルクとココナツファインを組み合わせることで再現しています。

材料（2人分）

- Ⓐ
  - **野菜いろいろ**（じゃがいも、にんじん、きゅうり、さやいんげん等。スティック状に切り揃える）……計200g
  - **水**……50g
  - **塩**……2g
  - **ターメリック**……少々（0.3g）
- Ⓑ
  - **ししとう**……1本
  - **ココナツミルク**……80g
  - **ココナツファイン**……20g
  - **ヨーグルト**……30g
  - **塩**……1g
  - **マスタードシード**……2g
  - **タカノツメ**（縦半分に切って種を取り、長さを半分に切る）……1本
  - **ブラックペッパーホール**……1g
  - **クミンシード**……少々（0.3g）
- **サラダ油**……10g
- **マスタードシード**……2g
- **カレーリーフ**（省略可）……ひとつまみ

1

Ⓐの材料を鍋に入れ、蓋をして弱火にかけ、蒸し煮にしておく。

2

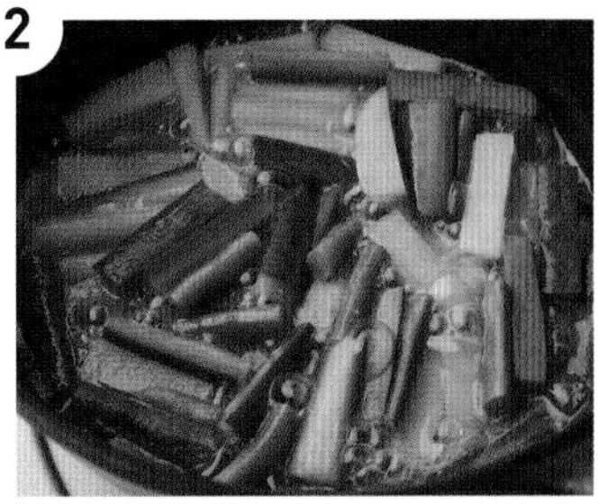

蒸し煮終わりの状態。

3

Ⓑの材料を、ミキサーで攪拌する。

マスタードシードがすりつぶされることで辛味と香りが出てくる。

4

❷に❸を加える。

5

グラグラ煮立たせないように温める。

煮立たせるとヨーグルトが分離してしまうので注意する。

6

フライパンにサラダ油、マスタードシードを入れ、中火にかける。

7

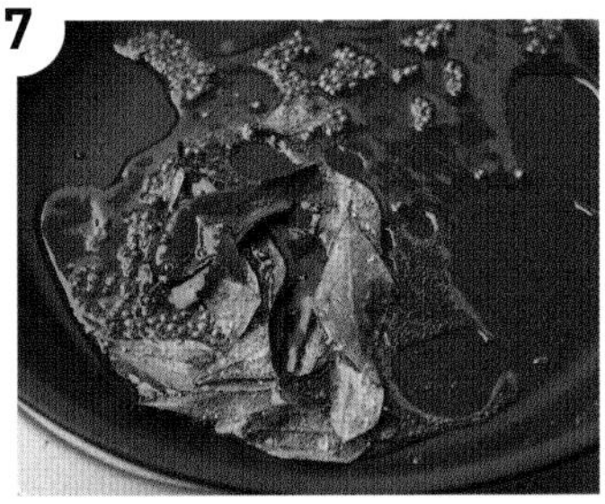

マスタードシードがはじけたらカレーリーフ（あれば）を加えてすぐに火を止める。

8

すかさず❺の鍋に加え、混ぜ合わせる。

ケララ風チキンカレー

KERALA STYLE CHICKEN CURRY

　ココナツミルクで仕上げる、エキゾチックなチキンカレー。南インドやスリランカではこういうタイプのカレーがよく食べられています。このレシピは、胡椒などのスパイスやココナツの一大生産地でもある、インド南西部に位置するケララ地方のレシピ。海を隔ててスリランカもすぐ近くです。

　極めてローカル色の強い料理ではありますが、やはり旨味とコクたっぷりのチキンカレーは日本人にも好まれやすいのもあってか、最近ではいろいろな場面でこのタイプのカレーには出会えるようで、本格派レトルトカレーの定番アイテムでもあります。

　人によってはタイカレーにも近いと思われるかもしれません。鮮烈なスパイスをココナツミルクがマイルドに包み込む、日本人好みのバランスの取れた味わいです。

材料（2人分）

Ⓐ
- **骨付き鶏もも肉**（ぶつ切り。皮を取りやすいところだけ取る）……200g
- **コリアンダーパウダー**……4g
- **クミンパウダー**……1g
- **カイエンヌペッパー**……1g
- **ターメリックパウダー**……1g
- **ブラックペッパーパウダー**……1g
- **スイートガラムマサラ**（➡下記。無ければ普通のガラムマサラで代用）……2g
- **レモン汁**……10g
- **GGペースト**（➡p.9）……16g
- **塩**……4g

- **サラダ油**……15g
- **マスタードシード**……1g
- **タカノツメ**（縦半分に切って種を取る）……1本

Ⓑ
- **カレーリーフ**（省略可）……ひとつまみ
- **玉ねぎ**（ケララ切り➡p.7）……60g
- **ししとう**（斜め小口切り）……2本
- **香菜**（茎や根でもよい。刻む）……5g

- **水**……100g
- **トマト**（ざく切り）……40g
- **ココナツミルク**……80g

スイートガラムマサラ

材料（作りやすい分量）

- **シナモンスティック**……6g
- **クローブホール**……5g
- **フェンネルシード**……5g
- **ブラックペッパーホール**……3g
- **カルダモンホール**……1g

p.11を参照し、スイートガラムマサラの材料をローストし、ミキサーで粉に挽く。このレシピでは、ここから2gを使用する。

1

Ⓐの材料を合わせ、揉み込んでおく。

2

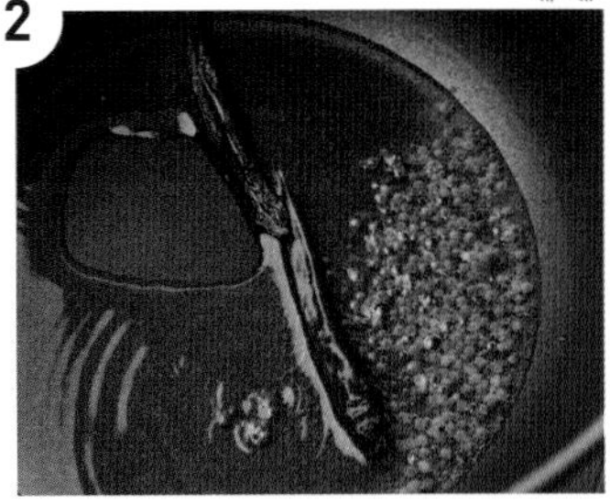

鍋の重量をはかり、サラダ油、マスタードシード、タカノツメを入れ、中火にかける（テンパリング）。

3

マスタードシードがはじけたら、Ⓑの材料を加えて炒める。

4

玉ねぎが透き通ってきたら、❶を加えて炒める。

5

肉の表面の色が変わったら水とトマトを加える。

6

沸騰したら蓋をして弱火で30分煮込む。

7

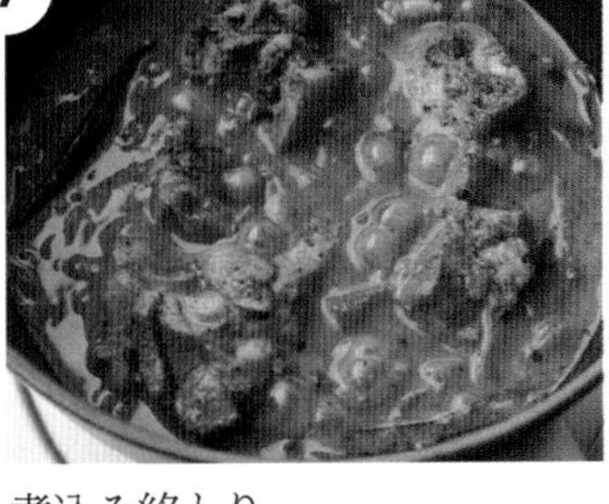

煮込み終わり。

8

350g程度になるように水分調整して、ココナツミルクを加え、なじませるように軽く煮込む。

ゴア風ポークビンダルー

GOAN PORK VINDALOO

　これもまた極めてローカル色の強い独特なカレーであるにもかかわらず、日本人好みの味わいです。元々はポルトガル料理の肉のビネガー煮込みである「ヴィンガドーシュ」が植民地であったインドのゴア地方に伝わり、そこでいかにもインド人好みなスパイシーな要素が付け足されて完成した料理。その出自もあってか、どこか日本人にもなじみ深い「欧風カレー」的なニュアンスもあり、スパイシーかつ甘酸っぱい味わいがヤミツキになります。
　ついついご飯が進んでしまうカレーの代表格といった趣の味ですが、現地ではゴアブレッドと呼ばれる丸いパンとも合わせられます。ゴアはインドの中でも西洋からの食文化の影響が強い地域であり、このゴアブレッドもソフトカンパーニュと呼ばれるタイプの西洋のパンそのものです。

材料（4人分）

豚バラ肉（ブロック）……400g

Ⓐ
- GGペースト（➜p.9）……32g
- パプリカパウダー……6g
- カイエンヌペッパー……2g
- コリアンダーパウダー……2g
- クミンパウダー……2g
- ターメリックパウダー……2g
- ブラックペッパーパウダー……2g
- スイートガラムマサラ（➜p.71）……4g
- 酢……40g
- 塩……8g
- 砂糖……8g

サラダ油……30g
水……200g
玉ねぎ（くし形切り）……200g
トマト（くし形切り）……100g
ニンニク（つぶす）……16g

1

豚肉は8つに切り、Ⓐの材料を混ぜ合わせた「ビンダルーペースト」に漬け込む（冷蔵庫で最低3時間、できれば丸2日以上）。

2

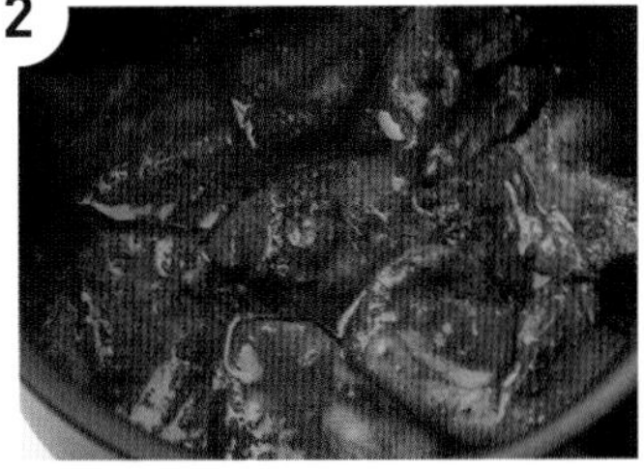

鍋の重量をはかり、サラダ油と❶を漬け汁ごと入れる。中火にかけ、炒める。

3

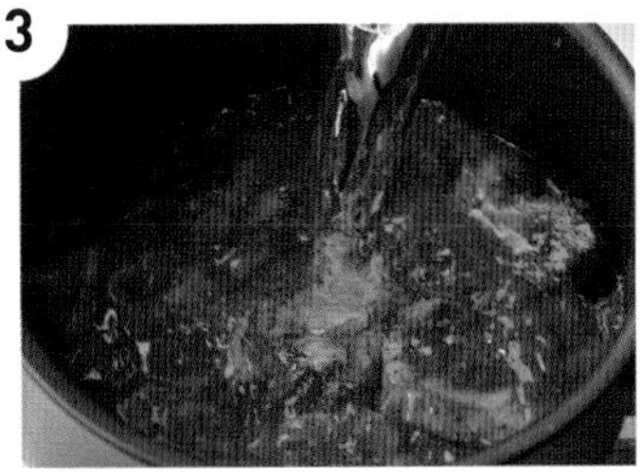

肉の表面の色が変わったら水を加える。

4

肉の隙間に玉ねぎとトマトとニンニクを埋め込み、沸騰したら蓋をしてとろ火で1時間煮込む。

圧力鍋の場合は20分加圧からの自然冷却。

5

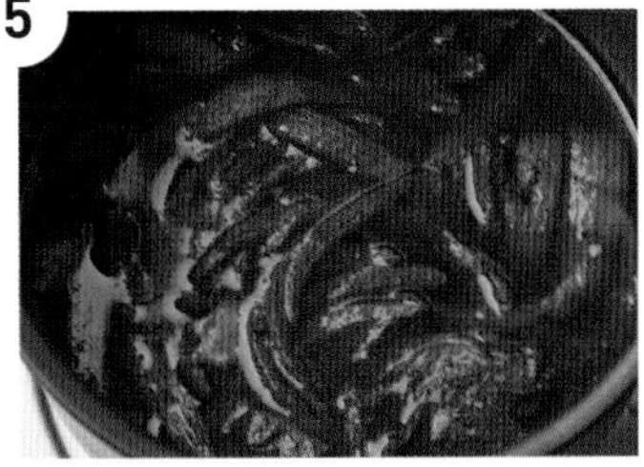

煮込み終わり。蓋を取って必要なら煮詰め、鍋中重量を900g弱に合わせる。

6

肉だけを崩れないように取り出す。

7

グレイヴィの粗熱を取ってミキサーにかけ、再び鍋に戻す。

ミキサーが無い場合は、ホイッパーでざっくりなめらかにする程度でもそれはそれで良い。

8

鍋を火にかけてグレイヴィを沸かし、❻の肉を戻し入れて軽く煮込む。仕上がり重量800g。

火を止めてから少しおき、落ち着かせる。

ハイデラバード風 シャルガムビーフ

HYDERABADI SHALGHAM BEEF

ハイデラバードは南インド内陸部の古くから栄えた都市。インドにはムスリム（イスラム教徒）が多く住むエリアが各地にありますが、ここもそのひとつです。ムスリムとヒンドゥー教徒が自然に融和して暮らすこの街の光景は、日々宗教紛争のニュースを目にする現代においてちょっと感動的ですらあります。こういったムスリムタウンの料理は、地域を超えて飛び地的な共通性があり、ムスリム国家であるパキスタンでも同種の料理がよく食べられます。

このレシピはとてもシンプルですが、ごろっとした牛肉とかぶにしっかり水分を飛ばした濃厚なグレイヴィが絡む、素朴で力強い味わい。かぶは色や形を綺麗に残す必要はなく、むしろ半ば煮崩れてソースと一体化するイメージで煮込んでください。

材料（2人分）

Ⓐ
- 牛肉（角切り）……200g
- ヨーグルト……30g
- コリアンダーパウダー……2g
- クミンパウダー……2g
- ターメリックパウダー……1g
- カイエンヌペッパー……1g
- ガラムマサラ……2g
- カスリメティ（省略可）……ひとつまみ（0.3g）
- 塩……4g

かぶ……150g（約2個）

サラダ油……30g

玉ねぎ（繊維に直角に薄切り）…60g

Ⓑ
- GGペースト（➔p.9）……16g
- ベイリーフ……1枚
- ししとう（斜め小口切り）……2本
- トマト（ざく切り）……60g

水……100g

1

Ⓐの材料を合わせて揉み込んでおく。冷蔵庫で丸1日漬け込むとなお良い。

2

かぶを実と葉に分け、実はくし形切り、葉は一部を小口切りにして、計150g程度に合わせる。

3

鍋の重量をはかり、サラダ油と玉ねぎを中火にかける。温度が上がってジリジリ音がし始めたら、弱火にしてじっくり揚げ焼きにする（フライドオニオン）。

4

玉ねぎが茶色く色づいたら、Ⓑの材料を加え、中火で炒める。

5

トマトが煮崩れたら、❶を加えて炒める。

6

肉の表面の色が変わったら水を加え、沸騰したら蓋をして弱火で20分程度煮込む。写真は煮込み終わり。

7

肉がだいたい柔らかくなっていたら、❷のかぶを加え、蓋をして弱火で10分程度煮込む。

8

かぶがクタクタに煮えていたら、400g強になるよう水分調整して完成。

タミル風サーモンのミーンプットゥ

TAMIL STYLE SALMON MEEN PUTTU

魚のほぐし身をスパイシーに炒めたフィッシュカレー。言うなれば「お魚のキーマカレー」であり「そぼろ」でもあります。普通のお弁当に入っていても不思議ではない味わいです。

スパイスはシンプルかつ少量で、むしろ香味野菜が風味の決め手ですが、テンパリングに使用するフェンネルシードが、プチプチした食感と噛んだ時の香りのアクセントとして魅力的な存在感を発揮します。

本場タミル地方ではサメを使うのが一般的。サメにはアンモニアが含まれますが、細かくほぐして炒めることでそれを完全に飛ばしてしまう、合理性に優れた料理という一面もあります。モウカザメなどサメの切り身が手に入る地域の方は、ぜひそれでも作って現地の味により近付けてみてください。もちろんサメ以外でも、ぶりやさばなど様々な魚に応用できます。

材料（2人分）

- **サーモン切り身**……160g
- Ⓐ
  - **ターメリックパウダー**……1g
  - **カイエンヌペッパー**……1g
  - **ブラックペッパーパウダー**……2g
  - **塩**……3g
- **サラダ油**……30g
- **マスタードシード**……2g
- **タカノツメ**（縦半分に切って種を取る）……1本
- **フェンネルシード**……2g
- Ⓑ
  - **カレーリーフ**（省略可）……ひとつまみ
  - **ニンニク**（みじん切り）……5g
  - **玉ねぎ**（みじん切り）……120g
- **ししとう**（斜め小口切り）……4本
- **香菜**（刻む）……4g
- **レモン汁**……8g

1

サーモンを電子レンジなどで加熱し、粗熱が取れたら小骨と皮を取り、粗くほぐしておく。

甘塩鮭を使っても良い。その場合はⒶの塩を1gに減らす。

2

Ⓐのスパイスと塩を合わせておく。

3

フライパンにサラダ油、マスタードシード、タカノツメを入れ、中火にかける（テンパリング）。

4

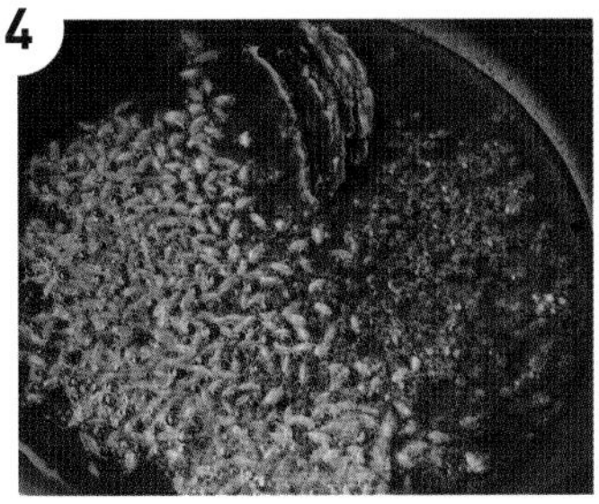

マスタードシードがはじけ始めたらフェンネルシードを加える。

5

マスタードシードがだいたいはじけたら、Ⓑの材料を加えて炒める。

6

玉ねぎに火が通ったら、ししとうを加えて炒める。

7

❶と❷を加えて炒め合わせる。

8

香菜とレモン汁を加え、さっと混ぜ合わせたら完成。

ケララ風
結婚式のフィッシュカレー

KERALA STYLE FISH CURRY FOR WEDDING

酸味やスパイス感は独特ながら、どこか日本の「さばの味噌煮」を思わせる、コックリとした味わい。ここではぶりを使っていますが、さばやさわらなど、脂が乗って身がしっかりした魚ならなんでもおいしく作れます。とにかくご飯が進む味わいです。

インドには「名も無きカレー」が数多存在しますが、ケララ州の古都・コチで料理上手の主婦の方に教わったこのカレーもそのひとつ。なんていうカレーですか？ と尋ねたら、昔からフィッシュカレーとしか呼んでいない、と。

インドのカレーは、作り立てをその日のうちに食べるのが基本ですが、このカレーは翌日以降でも味がなじんでおいしく、前準備が大事な結婚式などでもよく用意されていた料理だそうです。そんなエピソードを伺って、勝手にこの名前を付けました。

材料（2人分）

【タマリンド水】
タマリンド……10g
水……100g

Ⓐ
ターメリックパウダー……1g
カイエンヌペッパー……1g
パプリカパウダー……3g
スイートガラムマサラ（➔p.71）……1g
塩……2g
水……10g

サラダ油……15g
マスタードシード……2g
フェヌグリークシード……1g
タカノツメ（縦半分に切って種を取る）……2本

Ⓑ
カレーリーフ（省略可）……ひとつまみ
玉ねぎ（ケララ切り➔p.7）……30g
GGペースト（➔p.9）……12g

砂糖……2g
ぶり切り身……2枚（160g）

1

p.80を参照し、タマリンド水を作っておく。

2

Ⓐの材料を合わせ、スパイスペーストを作っておく。

3

鍋にサラダ油、マスタードシード、フェヌグリークシード、タカノツメを入れ、中火にかける（テンパリング）。

4

マスタードシードがはじけたら、Ⓑを加えて炒める。

5

玉ねぎが透き通って柔らかくなったら❷を加えて炒める。

6

スパイスの香りが立ったら❶と砂糖を加えて煮立たせる。

7

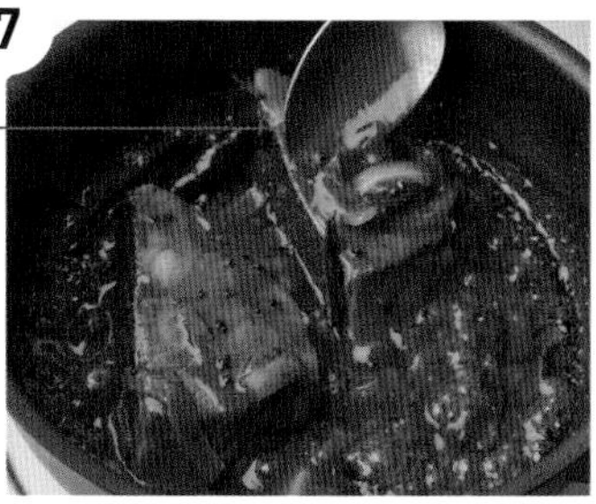

沸騰したらぶりを入れる。

身が厚ければ、スプーンでグレイヴィをときどきかける。

8

落とし蓋をして、弱火で煮る。魚に火が通り、煮汁がとろりと煮詰まれば完成。

HOW TO MAKE TAMARIND WATER

タマリンド水の作り方

カレーにコクと酸味を付与しますが、レモン汁などとは異なり、しっかり加熱しても酸味が飛びにくいという特徴もあります。

カレーには、ぬるま湯で揉み出したジュース（タマリンド水）の形で加えます。

食材memo

【タマリンド】

▶ タマリンドは、マメ科植物の果実をドライフルーツ状に乾燥させたもので、酸味が主体のどっしりとした風味と、ほのかな甘みを持ち合わせています。

効率の良いタマリンド水の作り方はこちら

材料（作りやすい分量）

タマリンド……10g
水……100g

1

耐熱ボウルに材料を入れ、電子レンジ（700W）に1分かけてふやかす。

2

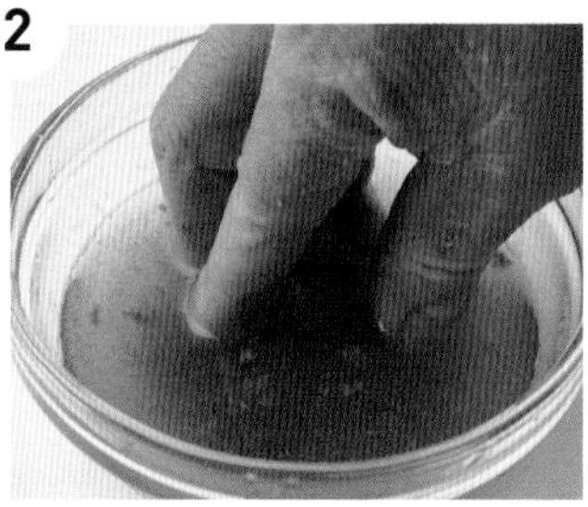

指でジュースを揉み出す。

3

茶こしでこす。

4

茶こしの中のタマリンドを指で押さえ、さらにジュースを出す。

5

タマリンド水の完成。

第3章

誰も知らないプロの技

レストランスタイルのインドカレー

RESTAURANT-STYLE INDIAN CURRY

便利アイテム
「オニオングレイヴィ」で、
エレガントなレストラン風のカレーを
作りましょう!

オニオングレイヴィは「ボイルドオニオングレイヴィ」とも呼ばれ、ゆでた玉ねぎを主体に、カレーに不可欠な香味野菜や最低限のスパイスをあらかじめ合わせた、汎用的なベースソース。このソースに具材とスパイスを加えるだけで様々なカレーが作れ、また生クリームやほうれん草ペーストなどの副材料を合わせることで、味わいにバリエーションを持たせることもできます。

そういった使いやすさや、一度にたくさんの量を作りやすいということもあり、一般的なインド料理店のカレーの多くはこのソースがベースになっています。

このソースの利点は、主に2つあります。

1

ソースのストックさえあれば、様々なカレーが短時間で完成する

これはレストランにとっても便利な要素ですが、ソースをまとめて作って冷凍しておくことで、家庭でも重宝するはずです。

2

誰にでも好まれる、とろりとしたエレガントなタイプのカレーに仕上げられる

極めてなめらか、かつ適度なとろみと玉ねぎのしっかりした甘みがあるため、エスニック料理に慣れていない方にも食べやすい「カレーらしいカレー」になります。

ただしその反面、ややもすると作るカレーが全て同じようなものになってしまいがち、という欠点もあります。なので、安易に頼るだけでなく、ちょっとした副材料や作り方のバリエーションで個性的な味わいを作り出していくことが大事、ということになります。これはレストランでも家庭でも同じことですね。もちろんここでも、様々なバリエーションをご紹介していきます。

HOW TO

MAKE ONION GRAVY

オニオングレイヴィの作り方

材料（カレー約10食分）

- Ⓐ
  - 玉ねぎ（皮をむいて四つ割り）……1000g
  - 水……1000g
  - 塩……10g
- サラダ油……100g
- GGペースト（➔p.9）……80g
- トマトピューレ……200g
- Ⓑ
  - ターメリックパウダー……5g
  - パプリカパウダー……5g

1

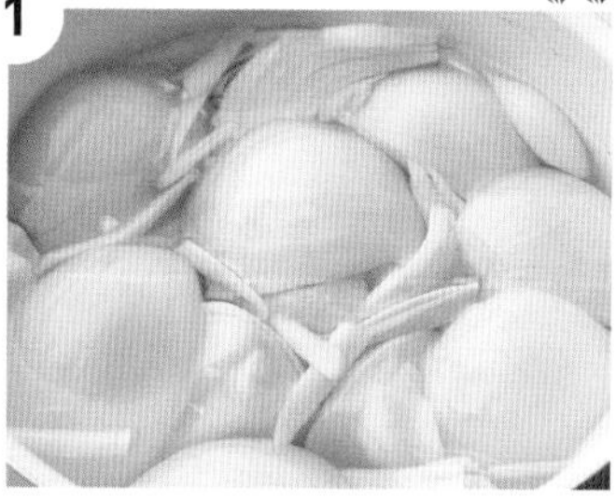

鍋の重量をはかり、Ⓐの材料を入れて中火にかける。

2

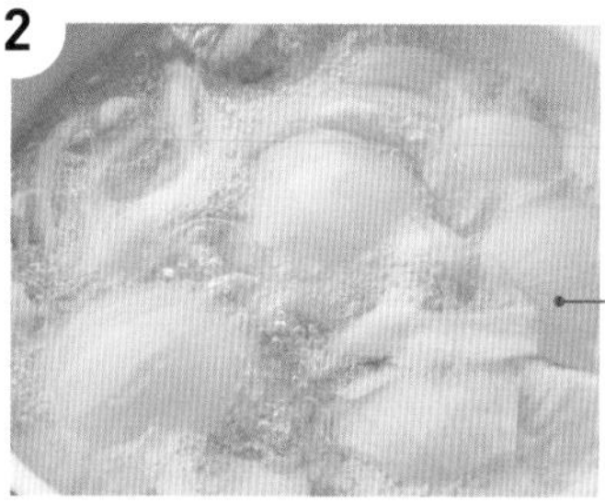

グラグラ沸騰した状態を保って玉ねぎをゆでていく。最終的には半量まで煮詰めるイメージで、必要なら火加減を調整し、適宜水（分量外）を足す。

蓋をせずに、玉ねぎの臭気を飛ばしていくことが重要。

3

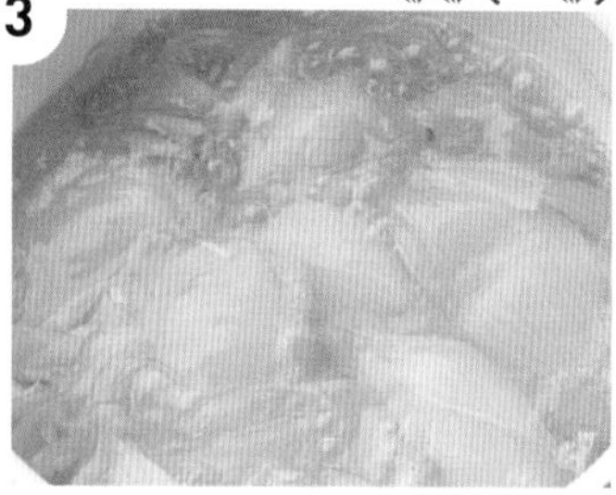

30分ゆでた段階で、一度重量を確認する。1000gに近づいていたら蓋をして弱火、大きく超えていたらそのまま蓋無しでゆでていく。さらに10分以上、玉ねぎが完全に柔らかくなるまでゆでる。

4

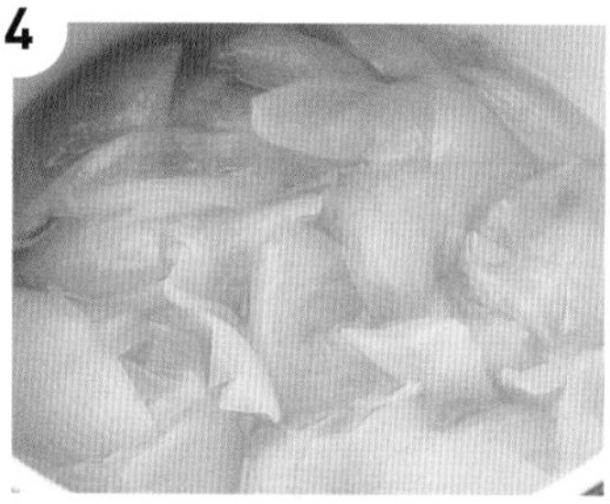

最終的に1000g強に合わせたら、そのまま冷ます。冷める過程で重量がもう少し減るはず。

5

別の鍋の重量をはかり、サラダ油を中火にかけ、GGペーストを炒める。

6

GGペーストの刺激臭が飛んで香ばしい香りが立ってきたら、トマトピューレ、Ⓑを加え、煮詰めていく。

7

300g程度まで煮詰まったら一旦完了。火を止める。

8

❹が冷めたら、煮汁ごと全てミキサーにかけ、なめらかなペースト状にし、鍋に戻す。

ミキサーが無ければ、ホイッパーでガシガシ混ぜてもある程度なめらかになるので、それはそれでアリ。

9

❽に❼を加え、中火にかけ、よく混ぜてひと沸かししたら完成。完成重量の目安は1200〜1300g。

10

240〜250g（約2食分）ずつに分けて冷凍ストックすると使い勝手が良い。

オニオングレイヴィの使い方の基本

メイン具材

肉などを炒める、煮るなどして火を通します

＋

追加スパイス

基本は、クミンパウダー・ガラムマサラ・カイエンヌペッパーの3種

＋

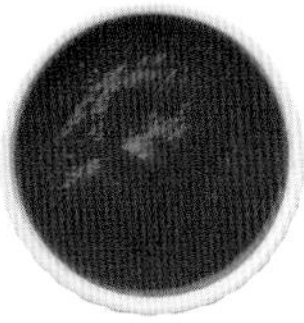

オニオングレイヴィ

カレーのベースになります

＋

副材料

各種ペーストや乳製品などを加えてバリエーションを出していきます

辛さの調整

カレー2人分に対して

この章でのレシピは日本のレストランスタイルに合わせて、辛さ（＝カイエンヌペッパーの量）は、各レシピ任意とします。基本的には「ホット」がおすすめです。

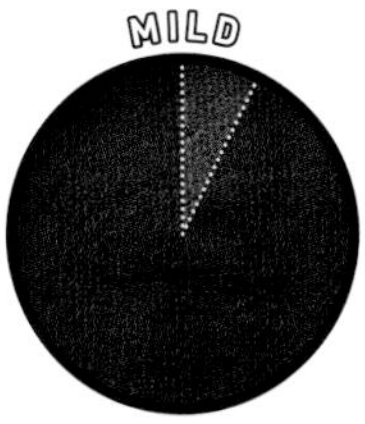

マイルド

（辛さ無し〜小辛）
カイエンヌペッパー
無し〜ひとつまみ（0.2g）

マイルドホット

（中辛）
カイエンヌペッパー
0.5g

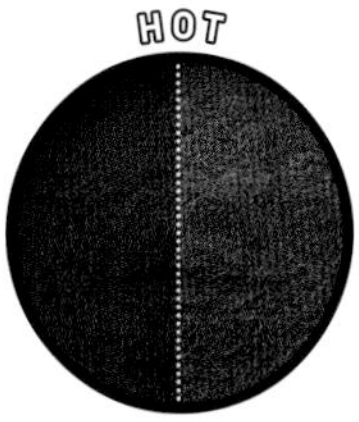

ホット

（辛口）
カイエンヌペッパー
1g

ベリーホット

（大辛）
カイエンヌペッパー
2g

シェフズチキンカレー

CHEF'S CHICKEN CURRY

オニオングレイヴィのスペックを最大限に引き出す、シンプルながらインドカレーの基本技術が過不足なく詰まった、完成度の高いレシピです。ロジックとしては、カレーに不可欠とも言える玉ねぎが完全に柔らかくなるまで加熱する工程が予め終了しているため、短時間で効率的に、じっくり煮込んだ深くなめらかな味わいが得られるということになります。また玉ねぎの絶対量が多いため、自然な甘みが凝縮してコクとなっており、それがはっきりとしたおいしさに繋がります。

鶏肉はやや小さめにカットすることで、火の通りが早く、短時間でもスパイスがよくなじみます。マトンやビーフなど他の肉類にも応用できますが、その場合は工程❷の煮込み時間を増やしてください。

材料（2人分）

Ⓐ
- サラダ油……10g
- カルダモンホール（鞘を軽く割る。省略可）……2粒
- クローブホール（省略可）…2粒
- オニオングレイヴィ（➜p.84）……40g
- 鶏もも肉（皮を取って小さめ<16g程度>に切る）……160g
- クミンパウダー……2g
- ガラムマサラ……2g
- カイエンヌペッパー……0～2g（お好みの辛さで）
- 塩……2g

水……50g

オニオングレイヴィ（➜p.84）……200g

カスリメティ（省略可）……ひとつまみ

1

鍋の重量をはかっておく。Ⓐの材料を入れ、中火にかけて炒める。

2

肉の表面の色が変わり、スパイスの香りが立ったら水を加え、沸騰したら蓋をして弱火で10分煮込む。

3

煮込み終わり。重量を200g強に合わせる。

4

中火にしてオニオングレイヴィ200gを加える。

5

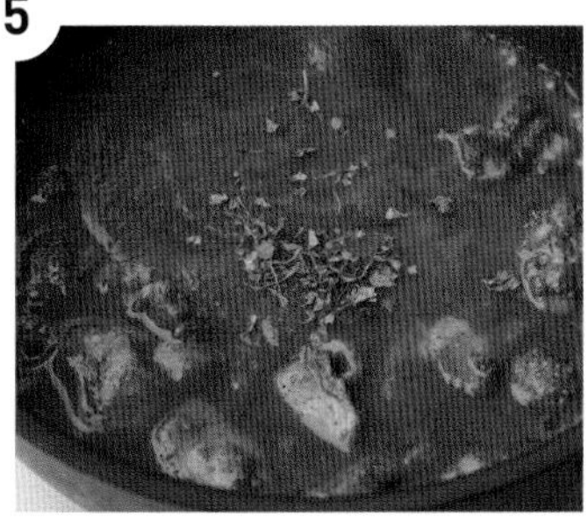

お好みでカスリメティを加える。

6

全体がなじむ程度に、軽く煮込む。仕上がり重量400g。

Inada's Voice

あなただけの「シェフズチキンカレー」を！

インドレストランではこういったベーシックなチキンカレーを、いわば看板メニューとすることがよくあります。その場合、追加スパイスやちょっとした仕上げの工夫で個性を演出するのもシェフの腕の見せ所。第2章までのカレーをいろいろ作った方なら、そんなちょっとした工夫もいろいろ思いつくのではないでしょうか。

ご参考までに、もし私がこういったタイプのカレーをお店で出すなら、ブラックペッパーをここに足し、カスリメティの代わりに香菜で仕上げるでしょう。

マイルドポークカレー

MILD PORK CURRY

極めてシンプルな工程。何しろ肉をゆでて、その他の材料を合わせて軽く煮込むだけですから。これは日本の庶民的なインドレストランでも最もベーシックな調理法です。あえてそこに近づけるべく、ここでは味付けに顆粒コンソメも使って、いかにも外食らしいキャッチーな味わいに仕上げました。おなじみの「あの味」が再現できるはずです。もちろんチキンなどにも応用可能です。

食べやすさ重視でスパイスの主張はやや弱めの配合としてありますが、仕上げにせん切り生姜をトッピングすれば、味わいがぐっと華やかになります。もちろんスパイスはお好みで増やしていただいても結構なのですが、時にはこういう必要十分なホッとするおいしさを楽しんでみるのも良いのではないでしょうか。

材料（2人分）

Ⓐ
- 豚肉（小さめ＜16g＞の角切り）……160g
- 塩……1g
- 水……100g

オニオングレイヴィ（➔p.84）……240g

Ⓑ 混ぜる
- クミンパウダー……2g
- ガラムマサラ……1g
- カイエンヌペッパー……0〜2g（お好みの辛さで）

顆粒コンソメ……2g
せん切り生姜……お好みで

1

鍋の重量をはかり、Ⓐの材料を入れ、中火にかける。

2

沸騰したらアクをすくい、蓋をして弱火で20〜30分、肉が柔らかくなるまで煮込む。

3

煮込み終わり。鍋中重量を200g程度に合わせる。

4

中火にし、オニオングレイヴィを加える。

5

Ⓑと顆粒コンソメも加える。

6

重量400gになるまで軽く煮込む。器に盛り付けて、せん切り生姜をトッピングすると良い。

Inada's Voice

オニオングレイヴィの落とし穴

これだけシンプルな作り方でもしっかりおいしくまとまるのがオニオングレイヴィの優秀さでもありますが、同時に、チキンでも野菜でもキーマでも何でもこのパターンで仕上げてしまうと、カレーの世界は途端につまらないものになってしまいます。ここぞという使い所を見極めるべきレシピです。

クリーミーキーマカレー

CREAMY KEEMA CURRY

辛さ無しで作れば小さなお子様とも一緒に楽しめる、とてもマイルドで食べやすいキーマカレーです。生クリームをヨーグルトや牛乳に替えても、よりさっぱりとしたおいしさになります。その場合は少しバターも加えると良いでしょう。

伝統的なキーマカレーよりひき肉の量がずいぶん少なく、むしろソースが主体のカレーですが、オニオングレイヴィそのものが完成したおいしさを持っているため、少量のお肉でも十分な旨味とコクが得られるということになります。

ひき肉を使うので短時間で仕上がるのも魅力。お好みのパンや温野菜を合わせて、休日のブランチにもぴったりなのではないでしょうか。

材料（2人分）

Ⓐ
- 鶏ひき肉……160g
- 水……50g
- 塩……2g

オニオングレイヴィ（➜p.84）……240g

Ⓑ混ぜる
- クミンパウダー……2g
- ガラムマサラ……2g
- カイエンヌペッパー……0〜2g（お好みの辛さで）

生クリーム……30g

1

鍋の重量をはかり、Ⓐの材料を入れて、中火にかける。

2

鶏ひき肉をほぐしながら火を通し、重量160gに合わせる。

3

オニオングレイヴィを加える。

4

Ⓑも加える。

5

重量400g弱になるまで軽く煮込む。

6

生クリームを加え、全体を混ぜて火を止める。

ミックス野菜カレー

MIXED VEGETABLE CURRY

肉や魚介を使わず、植物性食材（と乳製品）のみで作る「ベジカレー」は、インドではむしろ主流ですが、日本においては（人によっては）旨味やコクなどの要素が少々物足りなく感じられることもあるでしょう。しかし、このカレーであれば、その心配はほぼ無いはずです。オニオングレイヴィに使われるトマトや玉ねぎにしても、具材の各野菜にしても、どれもが野菜の中ではトップクラスに旨味の濃い素材であり、それが最終的にギュッと凝縮されるのがこのカレーだからです。スパイスの中ではクミンもこの旨味を引き立てる役割を担っています。

生クリームをヨーグルトに置き換えると、コクはやや後退しますがその分シャープな味わいになり、個人的にはおすすめです。

材料（2人分）

Ⓐ
- **野菜いろいろ**（じゃがいも、カリフラワー、にんじん、さやいんげん、グリーンピースなど。一口大）……計160g
- **水**……50g
- **塩**……2g

オニオングレイヴィ（➜p.84）……240g

Ⓑ混ぜる
- **クミンパウダー**……2g
- **ガラムマサラ**……1g
- **ブラックペッパーパウダー**……1g
- **カイエンヌペッパー**……0～2g（お好みの辛さで）

カスリメティ（省略可）……ひとつまみ

生クリーム……30g

1

鍋の重量をはかり、Ⓐの材料を入れ、蓋をして弱火にかける。

2

野菜に火が通るまで10分程度蒸し煮にし、鍋中重量を160gに合わせる。

3

中火にしオニオングレイヴィを加える。

4

Ⓑも加え、重量400g弱になるまで軽く煮込む。

5

お好みでカスリメティ、生クリームを加える。

6

全体を混ぜて火を止める。

チキンジャルフレジ
CHICKEN JALFREZI

ジャルフレジは、具だくさんの炒め煮カレー。野菜炒め感覚で気軽に作れるレシピです。

オニオングレイヴィは多くても少なくても構いませんので、中途半端に余ったグレイヴィも活用しやすいはずです。

鶏肉や野菜の具は、一部他の素材に置き換えても大丈夫ですので、冷蔵庫の余り物活用にも最適です。お弁当にも向いています。

材料（2～3人分）

サラダ油　30g
クミンシード　2g
鶏もも肉（小さめに切る）　160g
玉ねぎ（ケララ切り➜p.7）　120g
ピーマン（細切り）　60g
トマトケチャップ　30g

Ⓐ混ぜる
クミンパウダー　2g
カイエンヌペッパー　0～2g
ガラムマサラ　2g
塩　4g

オニオングレイヴィ（➜p.84）　120g（～240gまで増やしてもOK）

1

サラダ油とクミンシードを中火にかける（テンパリング）。

2

鶏肉を加えて炒める。

3

肉の色が変わったら、玉ねぎとピーマンを加えてさらに炒める。

4

トマトケチャップとⒶを加えて炒める。

5

スパイスの香りが立ったら、オニオングレイヴィを加える。

ここでは120g使っている。増やすと、より汁気のある仕上がりになる。

6

さっと炒め合わせる。器に盛り、お好みで、せん切り生姜、トマト、香菜（各分量外）をトッピングしても。

宮廷風ラムコルマ

COURTLY LAMB KORMA

ラム肉をしっかり漬け込んでじっくり煮込むカレー。マリネにココナツミルクパウダーを加えるのはちょっと珍しい技法ですが、これによって香りとコクがぐっと豊かなものになります。ココナツミルクの甘みとヨーグルトの酸味のバランスで味の奥行きを出していく、ということになるのです。また、ホールスパイスを４種組み合わせて使うことも、華やかな味わいを演出します。

オニオングレイヴィは、ここでは簡単に作るためというよりは、なめらかで凝縮した味わいを利用してカレーをエレガントかつ風味豊かに仕上げるために使います。少々手間と時間がかかりますが、おもてなしにもぴったりのカレーです。

ラム肉を牛肉に置き換えてもおいしく作れます。

材料（2人分）

Ⓐ
- ラム肉（角切り）……200g
- ヨーグルト……30g
- ココナツミルクパウダー……10g
- コリアンダーパウダー……2g
- クミンパウダー……2g
- カイエンヌペッパー……0〜2g
- ガラムマサラ……2g
- 塩……2g

Ⓑ
- サラダ油……10g
- カルダモンホール……2粒
- クローブホール……2粒
- シナモンスティック……2cm
- ベイリーフ……1枚

水……200g〜

オニオングレイヴィ（➜p.84）……240g

香菜（刻む）……2g

1

Ⓐの材料を全て合わせてマリネする。最低1時間、できれば冷蔵庫で丸1日。

2

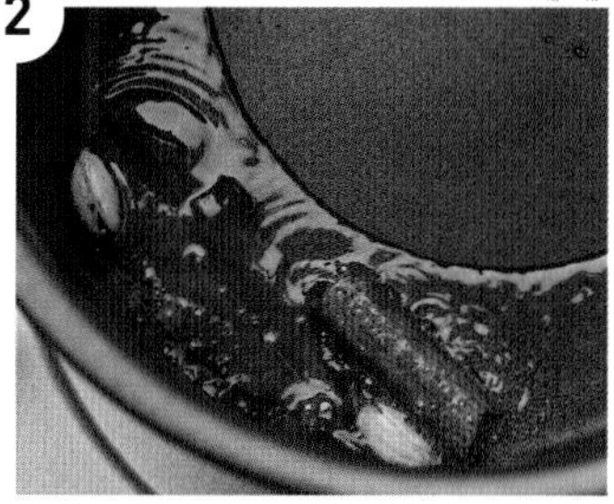

鍋の重量をはかり、Ⓑの材料を入れて中火にかける。

3

スパイスの香りが立ったら❶を加え、炒める。

4

肉の表面の色が変わり、オイルが表面に滲んできたら、水を加える。

5

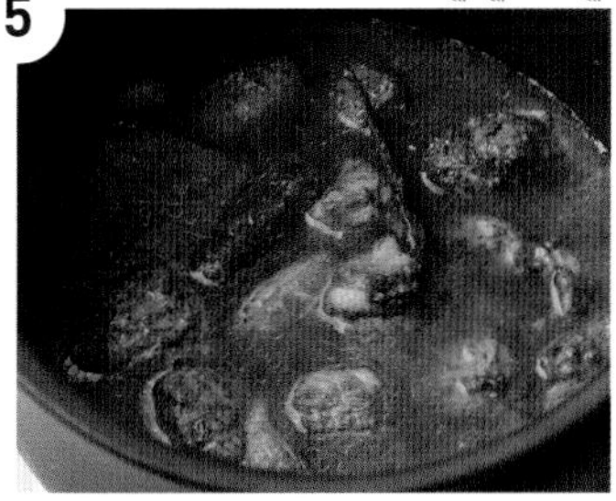

沸騰したら蓋をして弱火で40〜60分、肉が柔らかくなるまで煮込む。

6

水加減は常にかぶるくらいをキープする。

7

中火にし、オニオングレイヴィを加える。400g強を目指して水分を飛ばしながら煮込んでいく。

8

仕上がり間際に香菜を加える。器に盛り、お好みでせん切り生姜（分量外）をトッピングする。

ビーフドーピアザ

BEEF DO PIAZA

「ドーピアザ」は、直訳すると「玉ねぎ２倍」。つまりこのカレーは、グレイヴィと具材の両方に玉ねぎを使うカレー、という意味合いになります。具材の方の玉ねぎにある程度食感を残すことで、食べ応えのあるカレーに仕上がります。

玉ねぎの他に加えたマッシュルームは、オニオングレイヴィとは特に相性の良い具材。このカレー以外のレシピにも加えてみるアレンジもおすすめです。

牛肉は、短時間で火の通りやすいスライス肉を使用します。欧米のインドレストランで薄切り肉のカレーは「パサンダ」と呼ばれ、定番のひとつです。このレシピは牛肉以外の肉にも応用できます。

材料（2～3人分）

サラダ油 …… 20g
牛肉（焼肉用スライスまたは切り落としスライス）…… 160g
玉ねぎ（繊維と直角に1cm厚さに切る）…… 80g
マッシュルーム（スライス）…… 40g
Ⓐ混ぜる
- **塩** …… 3g
- **クミンパウダー** …… 4g
- **カイエンヌペッパー** …… 0～2g
- **ガラムマサラ** …… 2g

オニオングレイヴィ（➔p.84）…… 240g

1

鍋にサラダ油を熱し、中火で牛肉を炒める。

2

肉の色が変わったら、玉ねぎ、マッシュルームを加えてさっと炒める。

3

オイルが全体に回ったら、蓋をして弱火で5分蒸し煮にする。

焦げつきそうなら、水少々（分量外）を加える。

4

玉ねぎに火が通り、蒸し煮終わりの状態。

5

Ⓐを加え、香りが立つまでさっと炒める。

6

オニオングレイヴィを加え、混ぜながら中火で軽く煮込む。

ほうれん草とチーズのカレー

SPINACH CURRY WITH CHEESE

インドレストランでパラクパニール（サグパニール）と呼ばれるカレー。ホットサラダ感覚でも楽しめる、ヘルシーな菜食料理です。パン類によく合います。

本来はパニールというインド式フレッシュチーズを用いますが、入手困難なのでモツァレラチーズで代用します。パニールに決して負けないおいしさに仕上がります。

このカレーのベースとなる、ほうれん草ピューレとオニオングレイヴィなどを混ぜた「パラクグレイヴィ」は、オニオングレイヴィから展開するベースソースのひとつ。鶏肉と合わせると「パラクチキン（サグチキン)」になります。羊肉にも合います。一般的には冷凍のほうれん草ピュレが使われることも多いのですが、このように新鮮な生のほうれん草を使うと、やはりひと味もふた味も違います。

材料（2〜3人分）

【パラクグレイヴィ】

- ほうれん草（ざく切り）……200g（1束）
- オニオングレイヴィ（➡p.84）……240g
- 塩……2g
- カスリメティ……1g

- バター……30g
- ニンニク（みじん切り）……10g
- 混ぜる Ⓐ
  - クミンパウダー……4g
  - ガラムマサラ……2g
- チェリーモツァレラ……100g
- せん切り生姜……適量
- プチトマト（半割り）……適量

1

ほうれん草を水にさらし、砂などを落とす。2分ほど、柔らかめにゆで、水にさらしてからザルにあける。

2

水気をあくまで軽く絞って、200gに合わせる。

絞りすぎないことで、旨味をキープし、この後ペースト状にしやすくなる。

3

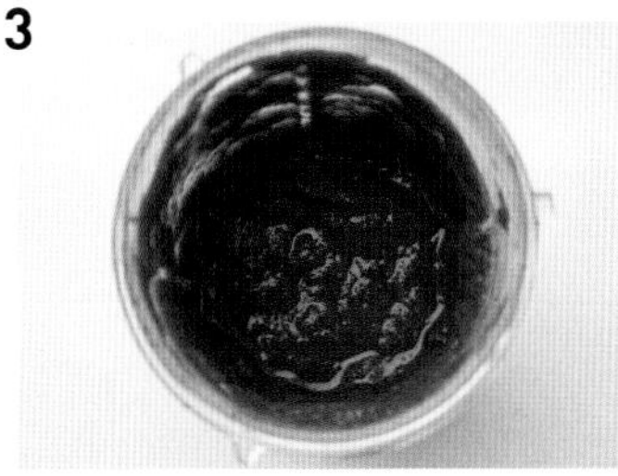

ミキサーでペースト状にする。

4

❸とオニオングレイヴィ、塩、カスリメティを合わせておく（これがパラクグレイヴィ）。

5

バターとニンニクを弱火にかける。

6

ニンニクが少し色づいてきたら火を止める。すぐにⒶを加える。

7

焦がさないようにして、余熱で火を通す。

8

❹のパラクグレイヴィを加えて、中火でかき混ぜながら沸騰させる。器に盛って、チェリーモツァレラ、せん切り生姜、プチトマトをトッピングする。

シーフードカレー

SEAFOOD CURRY

オニオングレイヴィから展開する「トマトグレイヴィ」がベースのカレーです。甘酸っぱく旨味のしっかりしたベースソースなので、少ないスパイスでもしっかり素材を引き立てるカレーに仕上がります。魚介類の他に、野菜やチキンにもよく合うベースソースです。

このカレーでは海老と帆立をバターソテーしてからこのソースに加えますが、ソテーする時もソースと合わせてからも、加熱しすぎないように注意してください。

一般的なインド料理店では、こういったタイプのカレーを冷凍シーフードミックスを使って作ることがよくあります。このレシピほどの味にはなりませんが、トマトグレイヴィ自体がそれだけで完成された味わいなので、それでもなかなかおいしく仕上がるはず。手軽さを考えると決して悪くないアレンジです。

材料（2～3人分）

【トマトグレイヴィ】

- オニオングレイヴィ（➜p.84）……240g
- 塩……2g
- トマトピューレ……100g
- 生クリーム……40g

Ⓐ
- クミンパウダー……2g
- カイエンヌペッパー……0～2g
- ガラムマサラ……2g
- カスリメティ（省略可）……1g

- バター……20g
- 海老（殻をむく）……60g
- 帆立貝柱（大きければ食べやすく切る）……60g

1

Ⓐのスパイスを混ぜておく。

2

鍋にトマトグレイヴィの材料を入れて混ぜ合わせ、中火にかける。

3

❷に❶のスパイスを加え、一度沸かしておく。火を止める。

4

フライパンでバターを中火で溶かし、海老と帆立をさっとソテーする。

5

❸に❹を焼き汁ごと加える。

6

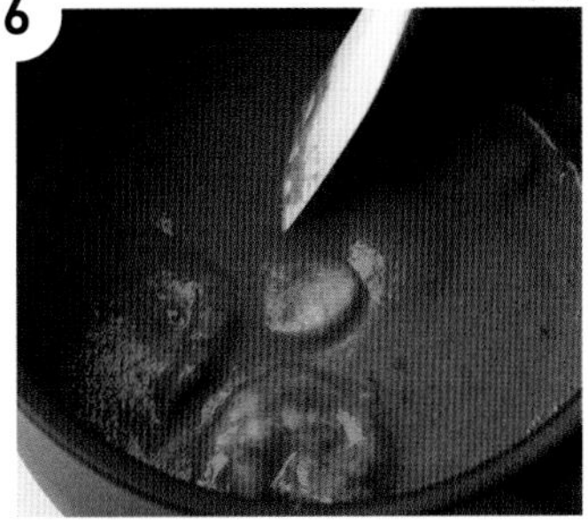

混ぜながら中火にかけ、沸いたらすぐ火を止める。

COLUMN

インドレストラン料理とオニオングレイヴィの真価

現在世界中に広がるインド料理レストランのスタイルや技法は、近代になってから突如生まれました。それは主に外国人向けのホテルレストランで提供される料理として始まったのです。なので良くも悪くもそれは、伝統的なインド料理の世界からは少々隔絶したところがあります。同時にそれは、異文化の人々にも好まれやすいグローバルな魅力も備えることになりました。このようなインド料理を私は「インドレストラン料理」と呼んでいます。

オニオングレイヴィをフル活用する技法もそんな中で「発明」されました。

こういったインドレストラン料理に対して、日本では2通りの見方があります。

多くの人にとってそれは、気軽で食べやすく、インドカレーを身近なものにしてくれた存在。しかしインド料理が特別好きな「マニア」の人々は、概ねそれを「インド伝統料理が本来持つダイナミズムを失った退屈な料理」ともみなしています。

こういったマニアの人々の不満に呼応するかのように、日本では近年都市部を中心に、インドレストラン料理とは異なる伝統的なインドローカル料理が一部で隆盛しています。そういった店は、南インド料理やベンガル料理などの地方料理を標榜します。私が立ち上げた「エリックサウス」も、そんな店のひとつです。

その私が言うのもなんなのですが、インドレストラン料理は、決して気軽なだけのものでもなければ退屈なものでもないとも考えています。確かに日本におけるそれはまた少し独特で、1990年代以降全国津々浦々で店舗数が急増したのと反比例するように、その内容がこぢんまりと画一的にまとまりすぎていったきらいはあるかもしれません。しかし本来のそれは、まさに「世紀の大発明」。インド料理を誰もが楽しめるグローバルな地位に押し上げた存在であり、そしてまだまだ多くの可能性を秘めています。

私がこの章を丸々さいてオニオングレイヴィを紹介したのには、この技法に象徴されるそんなインドレストラン料理を、もう一度見直したいという思いがあったからでもあります。

もちろんその根幹には、こういったタイプのカレーが「ちゃんと作ればちゃんとおいしい」という厳然たる事実があります。まずは作ってみてください。それは巷のインド料理店ですっかり慣れ親しんだおいしさであるにとどまらず、さらに延長線上にあってそれを超えるものでもあるはずです。

第4章

インド料理アラカルト

INDIAN CUISINE A LA CARTE

タミル式チキンビリヤニ

TAMIL STYLE CHICKEN BIRYANI

作り方は p.108

ビリヤニについて

ビリヤニは、肉と米をスパイスとともに炊き上げた、インドのご馳走。かつては結婚式などの特別なお祝いの日にだけ食べられる贅沢な料理でした。肉の旨味とスパイスの香りをたっぷり纏ったバスマティライスのおいしさは格別です。地域によって様々なバリエーションがありますが、ここでは代表的な2パターンをご紹介します。

ハイデラバード式ラムビリヤニ

HYDERABADI LAMB BIRYANI

作り方は p.110

タミル式チキンビリヤニ

TAMIL STYLE CHICKEN BIRYANI

　骨付きチキンでまずはカレー的なものを作り、そこにバスマティライスと水を加えて炊きます。日本の炊き込みご飯にも少し似ていますが、炊き込みご飯と比べると具となる肉や香味野菜の量がずっと多く、むしろパエリアに近い料理とも言えます。

　このような炊き方のビリヤニはインド各地にローカル料理として存在しますが、南インド・タミル地方のこれは、いかにもカレーらしいなじみ深い味わいがベースとなっています。肉や香味野菜の旨味が米一粒一粒にムラ無くしっかり染み込むこともあり、特に日本人好みのビリヤニと言えるのではないでしょうか。工程が比較的シンプルで作りやすいこともあり、最初にトライするにはうってつけのビリヤニだと思います。

材料（2人分）

バスマティライス……150g

Ⓐ
- 鶏手羽元……250g
- ヨーグルト……30g
- GGペースト（➜p.9）……32g
- 塩……4g
- クミンパウダー……2g
- コリアンダーパウダー……2g
- ターメリックパウダー……2g
- カイエンヌペッパー……1g
- ガラムマサラ……2g

サラダ油……20g
玉ねぎ（ケララ切り➜p.7）……80g
トマトピューレ……50g
水……200g
塩……3g
香菜（刻む）……8g
ミント（手でちぎる）……4g
バター……20g

1

バスマティライスを20分浸水し、ザルで水をきっておく。

2

Ⓐの材料を合わせ、鶏手羽元をマリネしておく（15分〜できれば冷蔵庫で丸1日）。

3

鍋の重量をはかり、サラダ油と玉ねぎを色付くまで弱火で炒める。

普段のフライドオニオンよりもしっかりめに色付ける。

4

❷の手羽元を漬け汁ごと全て加え、中火で加熱する。

5

鶏肉の表面に火が通ったら、トマトピューレを加えて混ぜる。蓋をして弱火で10分煮込む。

6

水と塩を加え、中火にして沸騰したら（ここまでで鍋中重量を550gに合わせる）、香菜、ミント、❶のバスマティライスを加える。

7

全体を混ぜながら強火で沸かし、再沸騰したら2分ほど、そのまま混ぜながらグラグラと煮立たせる。

8

バターをのせ、蓋をして、弱火で10分加熱する。火を止めて15分蒸らす。

仕上がりは700gとなる。

ハイデラバード式ラムビリヤニ

HYDERABADI LAMB BIRYANI

インドには「ビリヤニの聖地」と呼ばれる街がいくつかあり、ハイデラバードはその代表的なひとつです。こういったビリヤニ・タウンに共通するのは、イスラム教徒が多く住む古都であること。つまり元々イスラム教徒の料理であるビリヤニの本場、ということです。

この地域のビリヤニは、「ダム式」と呼ばれる技法で作られるのが主流です。これは、スパイスと肉と香味野菜の混合物（これも「マサラ」と呼ばれます）と、硬めに下ゆでした米を層に重ね、密封して蒸し焼きにする技法。この技法で作られるビリヤニは、米がよりふわふわ・パラパラに仕上がります。また、米がマサラと接する部分は濃い味に、そうでない部分は香りだけをしっかり吸い込んだ状態、という味のコントラストが生まれ、一食の中でずっと変化のある味わいが楽しめるのです。

材料（2人分）

【フライドオニオン】

サラダ油	40g
玉ねぎ（繊維に直角に薄切り）	80g

【マサラ（ラム肉のカレー）】

Ⓐ	ラム肉	300g
Ⓐ	ヨーグルト	60g
Ⓐ	GGペースト（➔p.9）	32g
Ⓐ	コリアンダーパウダー	2g
Ⓐ	クミンパウダー	2g
Ⓐ	カイエンヌペッパー	2g
Ⓐ	ターメリックパウダー	2g
Ⓐ	自家製ガラムマサラ（➔p.11）	4g
Ⓐ	塩	4g
	トマトピューレ	50g
	水	200g

【バスマティライスの下ゆで】

バスマティライス	150g
水（米の浸水用）	500g
水（米をゆでる用）	1000g
塩	15g
カルダモンホール	2粒
クローブホール	2粒
ブラックペッパーホール	4粒
ベイリーフ	2枚
シナモンスティック	1/2本

【仕上げ】

	香菜（刻む）	8g
	ミント	4g
	ターメリック水	
溶く	ターメリック	少々
溶く	水	15g
	バター	20g

1

【フライドオニオン】
サラダ油と玉ねぎを弱火にかけ、ゆっくり温度を上げながら、玉ねぎが茶褐色になるまで揚げ、ザルでこしておく。

余熱で色が濃くなるので少し早めに上げる。

2

【マサラ】
Ⓐの材料を合わせてマリネする（できれば前日から合わせて冷蔵庫におく）。

3

鍋の重量をはかり、❶でこしたオイル30gを入れ、中火で❷をソテーする。

4

肉の表面に火が通ったら、トマトピューレを加えてさらに炒める。

5

しっかり火が通ってオイルが表面に滲んでくる。

6

水を加え、沸騰したら蓋をして弱火で30分煮込み、最終的に400gになるよう調整する。

400gに足りなければ水を足し、400gより多ければ煮詰める。

☞ p.112に続く

HYDERABADI LAMB BIRYANI

7

【バスマティライスの下ゆで】

バスマティライスを20分以上浸水してから水をきる。別の鍋に残りの材料を入れて強火で沸かし、米を入れる。

8

6分ゆでる。この時、沸騰して米が踊り始めたら中火にする。ザルに上げてお湯をきっておく。

9

【仕上げ】

❻が煮終わった状態。

10

❾の鍋に❶のフライドオニオン、香菜、ミントを散らす。

11

❽のバスマティライスをスパイスごと重ねる。

12

ターメリック水をかける。

13

バターをところどころに散らす。

14

蓋をして中火にかけ、蒸気が上がり始めたら、とろ火で15分加熱する。

15

火を止めて10分蒸らし、完成。

HOW TO SERVE BIRYANI

ビリヤニの盛り付け方

タミル式チキンビリヤニ

炊き上がりすぐに混ぜると米が折れやすいため、蒸らした後、少し落ち着いてから混ぜます。底からふわっと持ち上げるように混ぜることで、水蒸気を飛ばしつつ米と米の間に空気を含ませるイメージで。

ビリヤニが炊けて蒸らし終わったら（a）、しゃもじで底から全体に混ぜて（b）、器に盛ります。ここでは、ミント、カシューナッツ、レーズンをトッピング。

a

b

ハイデラバード式ラムビリヤニ

味の上でも見た目の点でも、重ね蒸しによってできたグラデーション（色むら）を残して盛るのがコツです。そのためには、なるべく層を崩さないように、底からすくってください。ちょうど「ティラミス」の要領です。

タミル式と違って、ご飯は混ぜません。層を崩さないようにしながら、しゃもじで鍋底からすくって皿に盛ります（a、b）。これを繰り返し（c）、仕上げに白い米をすくってふりかけたら（d、e）、完成。

インドでは、肉を見えないように盛るのが本式。一説には、肉が見えるとご近所に嫉妬されるから、だとか……。ただそれではさびしいので、少し見えるように盛りましょう。ここではレモン、香菜、赤玉ねぎを添えています。

a

b

c

d

e

ライスについて

おいしいカレーはどんなライスで食べてもおいしいものですが、せっかくですからインドカレーにはインドらしいライスを合わせたいところですね。ここではインド最高級香り米である「バスマティライス」や普通の日本米を使った、カレーにぴったりのライスをいくつかご紹介していきます。おもてなしにもぴったりです。

バスマティライス

BASMATI RICE
湯取り法

近年日本でも人気急上昇中のバスマティライスは、その香ばしい香りと軽い食感が人気です。その個性を最大限生かす炊き方として、伝統的な「湯取り法」をご紹介します。お米をたっぷりのお湯でゆでて、お湯をきった後蒸らします、うまく炊けると米がグイーンと長く伸びて、ふわふわパラパラと羽のように軽い仕上がりに。

材料（2人分）

バスマティライス	200g
水	1000g
塩	5g
サラダ油	5g

1

バスマティライスはたっぷりの水（分量外）に20分浸し、ザルで水気をきっておく。

2

鍋に水、塩、サラダ油を入れ、強火で沸騰させ、❶のバスマティライスを入れる。

3

最初は軽くかき混ぜる。

4

8分ゆでる。この時、沸騰して米が踊り始めたら中火にする。ザルでお湯をきる。

5

バスマティライスを熱いままの鍋に戻し入れ、蓋をして5分以上蒸らす。

カレー用万能ライス

ALL-PURPOSE RICE FOR CURRY

バスマティライスと日本米の吸水率の差を利用することで、炊飯器の目盛り通りの水加減でドンピシャに炊き上がります。インドカレーのみならず、あらゆるカレーによく合います。

材料（2～3人分）

- バスマティライス……150g
- 日本米……150g
- 水……炊飯器の2合の目盛りまで
- サラダ油……5g

作り方

全ての材料を炊飯器の内釜に入れ、全体を混ぜて普通に炊く（a、b）。

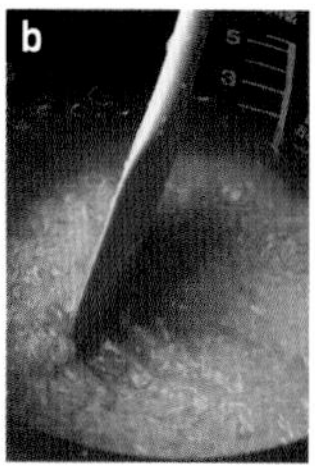

ターメリックライス

TURMERIC RICE

インドの伝統的なライスではなく、近代レストラン生まれのアイデアが日本に伝わり広まったライス。水加減とバターの効果でパラッとした炊き上がり、鮮やかな黄色も魅力です。

材料（2～3人分）

- 日本米……300g
- ターメリックパウダー……0.5g（小さじ1/4）
- 塩……1g（小さじ1/5）
- バター……10g（小さじ2）
- ベイリーフ（省略可）……1枚
- 水……通常の炊飯の80～90％

作り方

全ての材料を炊飯器の内釜に入れ（a）、普通に炊く。

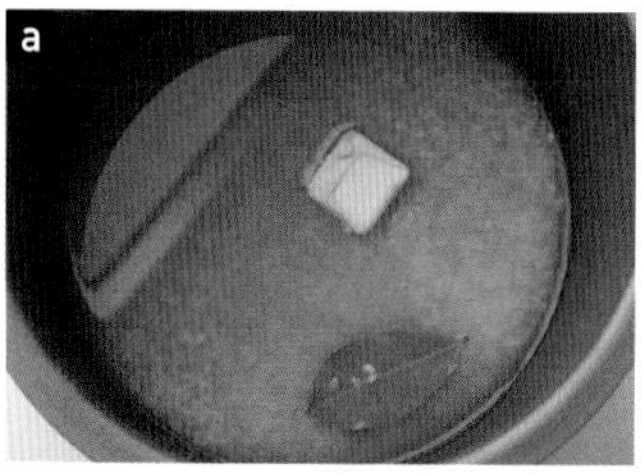

ペッパークミンライス

PEPPER CUMIN RICE

「カレー用万能ライス」からの展開で、スパイスとバターを少量加えた風味豊かなライス。カレーとよく合うのはもちろんですが、これ単体でも止まらないおいしさです。

材料（2～3人分）

- バスマティライス……150g
- 日本米……150g
- 水……炊飯器の2合の目盛りまで
- 塩……3g
- クミンシード……1g
- ブラックペッパーパウダー……1g
- バター……10g

作り方

全ての材料を炊飯器の内釜に入れ（a）、普通に炊く。

チャパティ、ナンについて

米と並ぶインドの重要な主食が、主に小麦を使ったパン類です。特にインド北部では米よりも小麦が主要な存在。ここではその代表的なものであるチャパティとナンをご紹介します。

ちなみにインドでは地域によっては西洋式のパンもよく食べられています。バゲットやカンパーニュなどのシンプルなパンも、インドカレーによく合います。

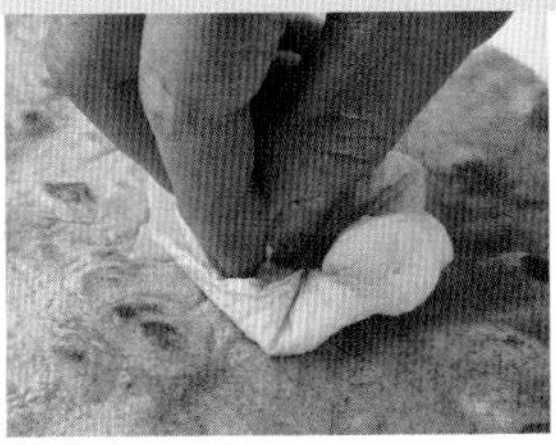

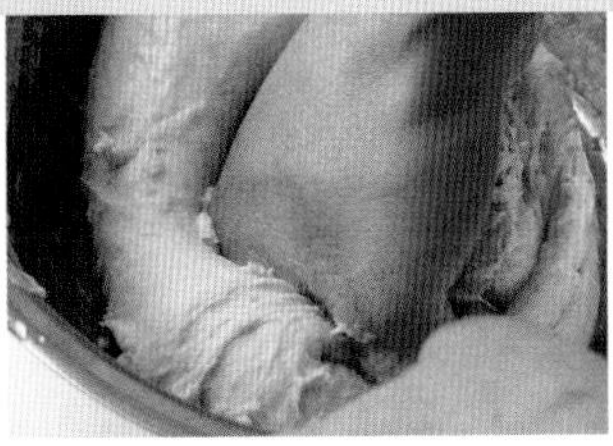

チャパティ
CHAPATI

　インド全土の家庭で日常的に食べられている、全粒粉で作られる薄いパンです。ナンがレストランで食べたり専門店で買ってくるものであるのに対して、チャパティは家庭でもレストランでも定番の、日常的に最も愛されているパンと言えるでしょう。基本的には全粒粉と水、そして塩だけで作られます。発酵させないパンですが、上手に焼くと生地の一部がふくらみ、香ばしさと同時にふっくら感も得られます。フランスのバゲットなどと同様、極めてリーンなパンですが、その分、小麦そのものの風味がしっかり感じられ、毎日でも飽きない味わい。あらゆるカレーによく合います。シンプルなだけに、微妙な水分調整、伸ばし方、焼き方で、おいしさにかなり差が出ます。これぱかりは、何度も作って自分なりのコツを掴むしかありません。

材料（2人分・4枚）

全粒粉	200g
塩	3g
水	140g

1

ボウルに全ての材料を入れ、全体に混ぜて水分を行き渡らせる。

ここでは国産小麦を使用。

2

生地がなめらかになって、ひとまとまりになるまでよくこねる。

3

生地を4等分して丸め、ラップをかけて30分以上常温でおく。

4

手で軽く押して平たくする。

5

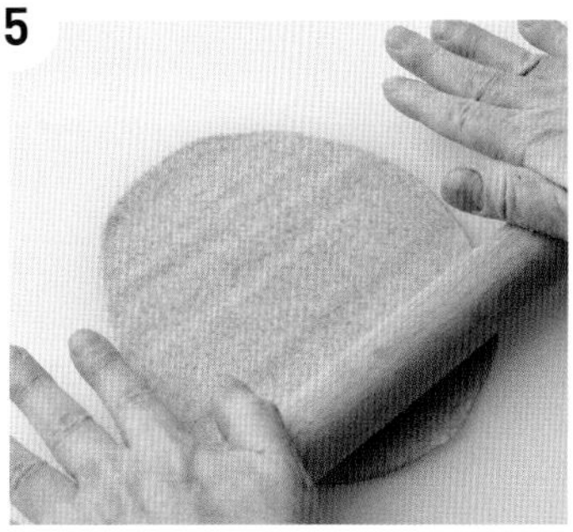

麺棒で薄く、丸く伸ばす。

6

中火にかけ、薄くサラダ油（分量外）を引いたフライパンやホットプレートなどで、少し焦げ目が付くまで片面を焼く。

7

ひっくり返す。

8

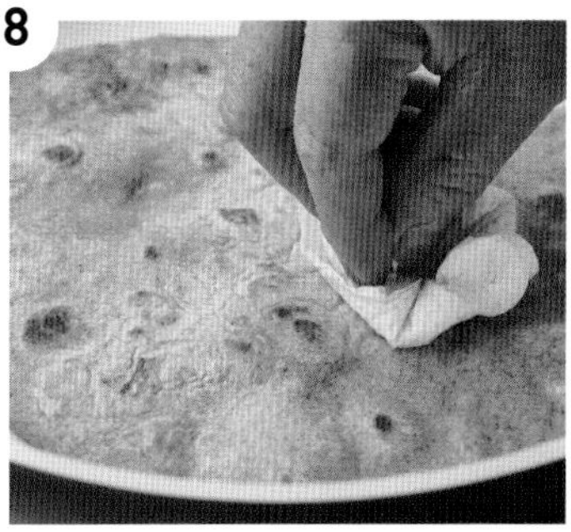

表面を布巾などで押し付けながら焼く。押し付けた部分がふくらみ、裏面に焦げ目が付く。

ナン
NAAN

チャパティより少しリッチなパンです。乳製品や油脂も加わる発酵生地ですが、現代ではベーキングパウダーを使う技法もすっかり定着しています。インド北部を中心に様々なスタイルのナンが存在しますが、日本で主流のタイプのそれは少し特殊で、インドではあまり見られない、甘くふかふかしたものが多いようです。ここで紹介するのはインドと日本の中間的な配合で、日本でも高級店ではこういうナンがよく提供されています。本来ナンは、高温のタンドール窯を使って焼かれます。通常のオーブンではそれを再現することは不可能なので、ここではフライパンに貼り付けて蒸し焼きにした後、直火で炙ることでそれを再現しています。どちらかというとコッテリとしたカレーとよく合いますが、何もつけずにそれだけを食べるのもなかなかおいしいものです。

材料（2枚分）

Ⓐ
- ヨーグルト……30g
- 卵……1個
- 塩……2g
- 砂糖……10g
- サラダ油……15g
- 水……60g ～

Ⓑ「混ぜる」
- 強力粉……250g
- ベーキングパウダー……12g

1

ボウルにⒶの材料を入れ、攪拌する。

2

Ⓑの粉類を加え、ゴムベラで練る。

3

ラップをかけ、常温で30分寝かせる。

4

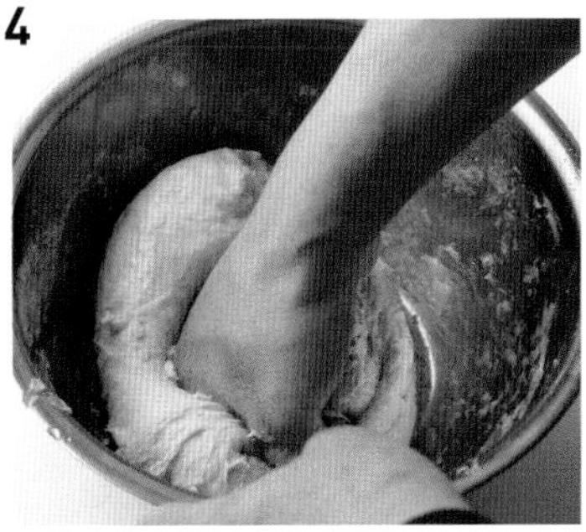

サラダ油（分量外）を塗った手でよくこねる。

5

2つに玉分けしてラップをかけ、さらに30分寝かせる。

6

手で丸く伸ばし、フライパンに貼り付ける。

7

そのまま蓋をして中火にかける。

8

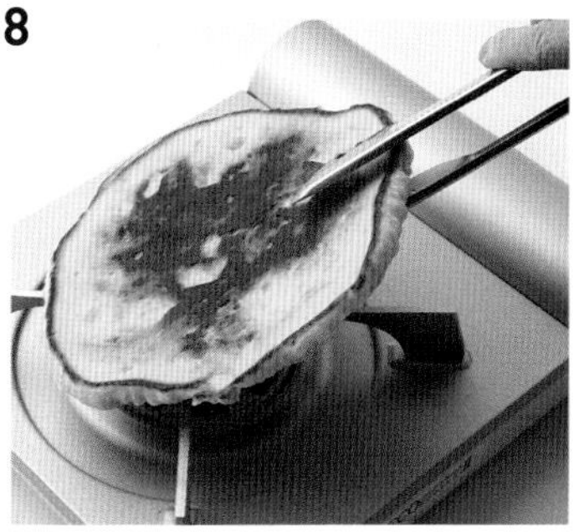

裏面がこんがり焼け、表面がポコポコふくらんだら取り出し、トングなどを使い、表面を直火で炙る。焼き上がったら、表面にバター（分量外）を塗る。

実録！ 最も理にかなったカレーの食べ方

ライス編

食べ方の基本

まず、

ご飯がこんもりとなっていたら、いったんそれを平らにならします。

で、

平らにならしたら、カレーを真上からかけます。

それをすくって食べます。

食べればいいんですけど、インドでは一般的にこれをしっかり混ぜます。

混ぜて、

混ぜて、

混ぜます。

そして、

徹底的に混ぜたものをすくって食べます。混ぜてビリヤニみたいな状態にもっていくわけです。

特にバスマティライスは、混ぜ込んだ方がおいしいです。

汁気の多いカレーの場合

さらさらしたスープ状のカレーを食べる時は、平らにならしたライスに、思い切って、大胆に上からジャバッとかけます。

これを、先ほどの基本と同じように混ぜながら食べます。

これはNG

スプーンにご飯だけすくって、これをカレーに直接ひたす。**こういうのはNG**ですね。

この食べ方は、インドにはありません。

なぜかというと……、どうです、このきたならしい感じ！

日本米だとここまで散りませんが、バスマティライスだと100％散ります。グルーヴ感がなくて、おいしいと思えないんですね。

**カレーの食べ方は自由です。でもせっかくなので、まずは先入観を捨てて、
インドで一般的な食べ方を真似してみましょう。もしかしたら新しい世界が開けるかも！？**

チャパティ編

食べ方の基本

ちぎり方から。

まず、インド人の場合。

左手を使いません。

片手でちぎるので、中指、薬指、小指の3本でチャパティを押さえながら、親指と人差し指でちぎります。

これが正式です。

でもまぁ、

ここは日本なので、

みなさんは普通に両手でちぎってください。

よろしいですか？

じゃぁ、チャパティでカレーを食べる場合。

カレーはよく、こういう小鉢（カトリ）に入っていますよね。

こういうのだったら、ちぎったチャパティをドボッとつける。これ、普通ですね。

でも、こういう汁気が少なくて固形の多いカレーがきたら、ちょっと困りません？

ん？

どうしたらいいんだ？

ってなりますよね。

そういう時は、お皿に出します。

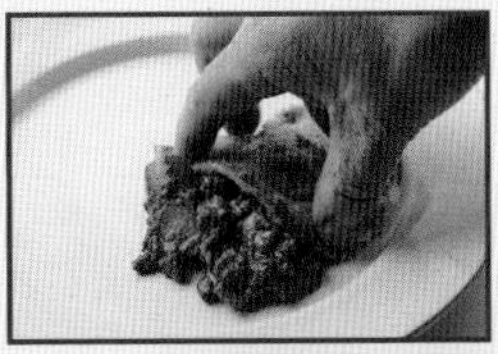

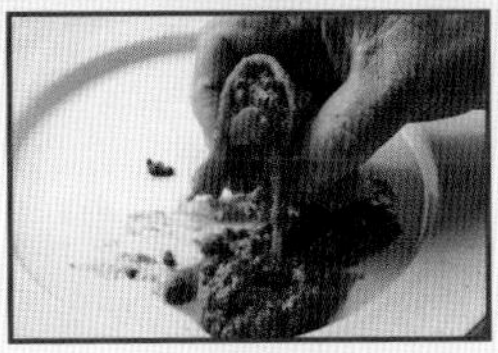

出しちゃって、

ちぎったチャパティを持ち、上からかぶせるようにして、つかんで食べる。

もうひとつ。

いまは固形のカレーをお皿に出しましたが、ドボッとつけやすいタイプのカレーも、実はお皿に出した方が良かったりします。

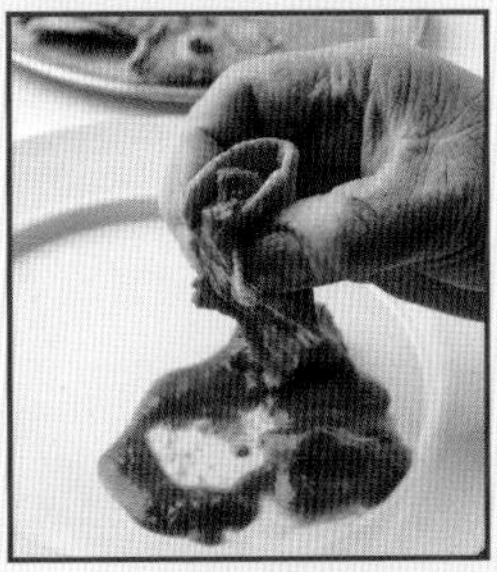

特にお肉がいっぱい入っているカレーは、お皿に出しちゃった方がいいです。

さっきと同様、お肉を上からつまみます。

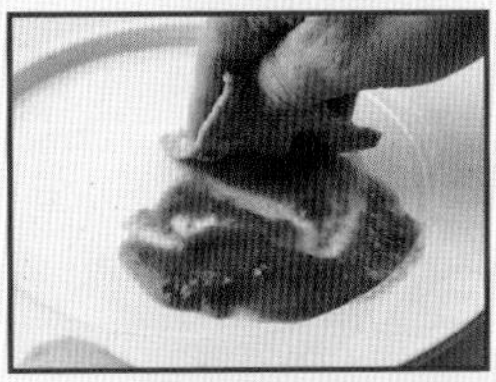

お皿に残ったグレイヴィ（汁）はチャパティで皿をぬぐうようにして食べます。

フレンチなどで皿に残ったソースをパンでぬぐうのと同じ感覚です。

ラムケバブ

LAMB KEBAB

肉にスパイスを合わせて焼いた料理は「ケバブ」と総称され、イスラム系インド料理においては、ビリヤニと並ぶ「花形」です。インド料理店では通常タンドール窯で調理されることが多く、有名なタンドリーチキンは、その代表的な料理と言えます。もっともタンドール窯というのは本来パン焼き専用の窯であり、これで肉を焼くのは、20 世紀以降に西洋料理からヒントを得てレストランで生まれた比較的新しい技法です。それまでは、専ら直火もしくは鉄板で調理されていました。

羊肉はケバブに使われる代表的な肉です。ラムを使えば柔らかく、またヨーグルトベースのマサラにしっかり漬け込むことで、肉がしっとりと焼き上がります。牛肉やチキンでも同じように作ることができます。

材料（2人分）

【ミントチャトニー】(作りやすい分量)

Ⓐ
- ミント……10g
- 香菜（刻む）……10g
- GGペースト（➜p.9）……12g
- ししとう……1本
- 塩……2g
- 砂糖……2g
- ヨーグルト……30g

ヨーグルト……100g
クミンパウダー……1g

【ラムケバブ】

骨付きラム肉……2本（200g）
レモン汁……8g
GGペースト（➜p.9）……8g
塩……2g
コリアンダーパウダー……0.5g
クミンパウダー……0.5g
カイエンヌペッパー……0.5g
ターメリックパウダー……0.5g
ガラムマサラ……1g
ミントチャトニー（➜上記）……50g

赤玉ねぎ（スライス）・
レモン（くし形切り）・ミント
……各適量

1

【ミントチャトニー】
Ⓐをミキサーにかけ、ヨーグルトとクミンパウダーとともにボウルに入れる。

2

混ぜ合わせる。

3

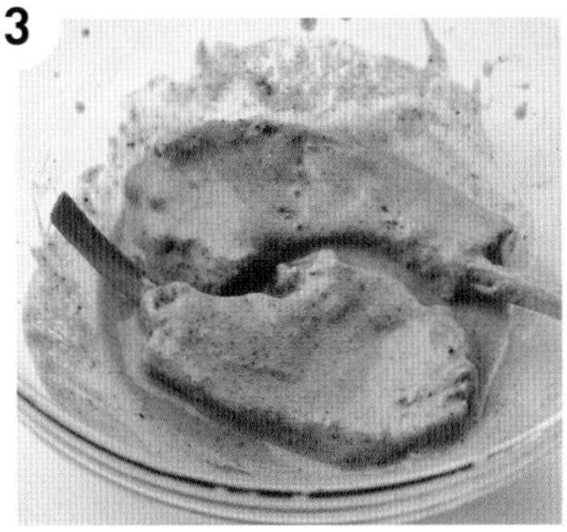

【ラムケバブ】
全ての材料を合わせる。

4

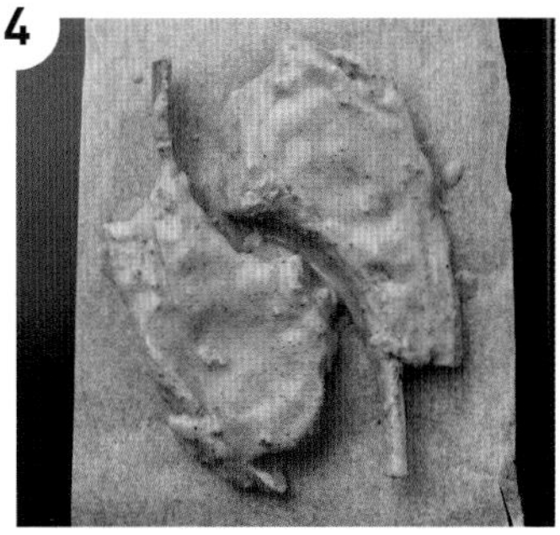

天板にオーブンペーパーを敷き、❸を並べ、200℃に予熱したオーブンで10〜15分焼く（フライパンで焼いても可）。器に、赤玉ねぎ、レモン、ミント、ミントチャトニー（分量外）とともに盛り付ける。

ミントチャトニーについて

インドには多種多様なチャトニーがあります。チャトニーはケバブやスナック類に付けるディップソースであるとともに、調味料的に使われるタレでもあり、また米やパン類に添えられるおかずでもあります。チャトニーは、トマト、ココナツ、タマリンドなど様々な食材で作られます。中でもこのミントチャトニーは「万能ソース」といってもいいくらいあらゆる料理とマッチしますが、その中でも特に肉料理との相性が抜群です。

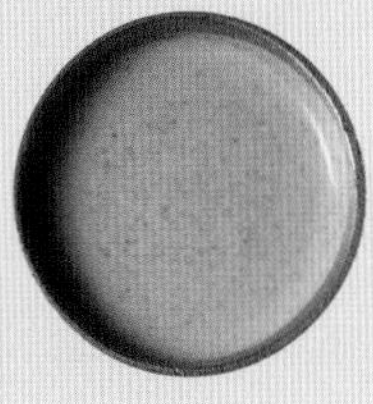

レモンチキンティッカ

LEMON CHICKEN TIKKA

チキンティッカは骨無しのチキンで作られるケバブの一種であり、言わばタンドリーチキンの骨無し版とも言えます。このレシピはスパイスとともにレモンの果汁と皮の風味を生かした、さっぱりとして少しモダンな仕立てです。冷めてもおいしいので、サラダやサンドウィッチにしても楽しめます。

材料（2人分）

	鶏もも肉	240g
Ⓐ	玉ねぎ	30g
Ⓐ	ヨーグルト	30g
Ⓐ	レモン（皮ごと）	15g
Ⓐ	GGペースト（➔p.9）	12g
Ⓐ	塩	3g
Ⓐ	コリアンダーパウダー	0.5g
Ⓐ	クミンパウダー	0.5g
Ⓐ	カイエンヌペッパー	0.5g
Ⓐ	ターメリックパウダー	0.5g
Ⓐ	ガラムマサラ	0.5g

作り方

1 

鶏肉を大きめに切る。

2 Ⓐの材料をミキサーで攪拌し、鶏肉を漬け込む。

3 

天板にオーブンペーパーを敷き、❷を並べ、200℃に予熱したオーブンで10〜15分焼く（フライパンで焼いても可）。器に盛り、トッピング（各分量外）を添える。

ビーフコフタ

BEEF KOFTA

コフタとは、ひき肉を使ったケバブ。これを金串（シーク）に巻き付けて焼けば「シークケバブ」という料理になります。牛肉、香味野菜、スパイスが渾然一体となった、複雑かつ食べやすい味わいで、どなたにも好まれやすい肉料理なのではないでしょうか。言うなれば、インド式スパイシーハンバーグです。

材料（6個分）

牛ひき肉	200g
玉ねぎ（みじん切り）	40g
ニンニク（みじん切り）	4g
ししとう（斜め小口切り）	1本
香菜（みじん切り）	3g
パン粉	20g
塩	2g
コリアンダーパウダー	0.5g
クミンパウダー	0.5g
ターメリックパウダー	0.5g
カイエンヌペッパー	0.5g
ガラムマサラ	1g

作り方

1 

ボウルに材料を全て入れ、混ぜ合わせてこねる。

2 

6等分にして丸め、少し押して中央をくぼませる。オーブンペーパーを敷いた天板に並べる。

3 200℃に予熱したオーブンで10〜15分焼く（フライパンで焼いても可）。器に盛り、トッピング（各分量外）を添える。

ライタについて

各種の野菜をヨーグルトで和えた料理がライタです。日本では甘いデザートのイメージが強いヨーグルトですが、世界を見渡せば、むしろ塩味の料理に使われる方が多勢。インドでは特にそうです。ライタはサラダとしてだけでなく、ご飯にかけても最高です。特にビリヤニには欠かせません。

トマトライタ

ほうれん草ライタ

ミックスライタ

ミックスライタ
MIX RAITA

インド料理店では最もスタンダードなライタです。どこかタルタルソースのようでもあり、日本人にも案外親しみやすい味わいなのではないでしょうか。ぜひビリヤニとともに。

材料（2人分）

きゅうり・赤玉ねぎ・トマト（各小角切り）……計100g
ヨーグルト……100g
塩……1g
クミンパウダー……ひとつまみ
ブラックペッパーパウダー……ひとつまみ

作り方

ヨーグルト、塩、クミンパウダー、ブラックペッパーをボウルに入れて混ぜ、野菜（写真）を和える。器に盛り、ブラックペッパーパウダー少々（分量外）をふる。

ほうれん草ライタ
SPINACH RAITA

ほうれん草と相性の良いニンニクが隠し味の、食べ応えのあるライタです。トルコなどの中東料理でも同様のものがあり、そちらにはたっぷりのオリーブ油も加わります。

材料（2人分）

ほうれん草（ゆでてざく切りにしたもの）……100g
ヨーグルト……100g
ニンニク（すりおろす）……2g
塩……1g

作り方

ヨーグルト、ニンニク、塩を混ぜ、ほうれん草（写真）を和える。

トマトライタ
TOMATO RAITA

とてもシンプルなライタですが、トマトの旨味と爽やかさで、とてもおいしい料理に仕上がります。何かもう一品欲しい、という時にも手軽に用意できて重宝します。

材料（2人分）

トマト（ざく切り）……80g
ヨーグルト……120g
塩……1g
ブラックペッパーパウダー……1g

【テンパリング】
サラダ油……10g
マスタードシード……1g
タカノツメ（縦半分に切って種を取る）……1本
カレーリーフ（省略可）……ひとつまみ

作り方

ヨーグルト、塩、ブラックペッパーを耐熱ボウルで混ぜ、トマト（写真）を和える。フライパンにサラダ油、マスタードシード、タカノツメを入れて中火にかけ、マスタードシードがはじけたらカレーリーフを加え、トマトのボウルに入れ、混ぜる。

スンダル
SUNDAL

南インドのシンプルな豆料理。屋台料理としてスナック的にもよく食べられています。ひよこ豆はなるべくドライパックではなく、煮汁に浸った缶詰などを使ってください。乾物を戻してゆでると、さらにおいしいはずです。

材料（2人分）

- ひよこ豆水煮……200g
- レモン汁……10g
- ココナツファイン……10g

【テンパリング】

- サラダ油……10g
- マスタードシード……1g
- タカノツメ（縦半分に切って種を取る）1本
- カレーリーフ（省略可）……ひとつまみ

作り方

ひよこ豆、レモン汁、ココナツファインを耐熱ボウルで混ぜ合わせる。フライパンにサラダ油、マスタードシード、タカノツメを入れて中火にかけ、マスタードシードがはじけたらカレーリーフを加え、ひよこ豆のボウルに入れ、全体に混ぜる。

カチュンバル
CACHUMBER

油脂を巧みに使うことがインド料理の特徴のひとつですが、なぜかサラダ的な料理はノンオイルで作られることがほとんどです。それがお口直しや薬味として大事な役割を果たす、言わば名脇役と言えるでしょう。

材料（2人分）

- きゅうり・赤玉ねぎ・トマト（ざく切り）……計200g
- 塩……2g
- レモン汁……10g

作り方

全ての材料を混ぜ合わせ、少しおく。

スンダルとカチュンバルを混ぜ合わせたら、スンダルサラダ

レモンのウールガイ

LEMON URUGAI

インドの食文化において漬物類は重要な位置を占めており、アチャールと総称されます。ウールガイとは南インド・タミル地方におけるアチャールの地方名。レモンの他にも未熟マンゴーなど、それ自体に酸味のある食材で作られることが多いです。フルーツをおかずにするというのは意外かもしれませんが、実は梅干しと同じこと！

材料（作りやすい分量）

- Ⓐ
  - **レモン**（皮付きのまま1cmの角切り）……**1個分**（120g）
  - **カイエンヌペッパー**……**6g**
  - **フェヌグリークパウダー**……**3g**
  - **ターメリックパウダー**……**1g**
  - **塩**……**8g**
  - **水**……**30g**
- **サラダ油**……**40g**
- **マスタードシード**……**2g**

1

Ⓐの材料をボウルに入れ、混ぜ合わせておく。

2

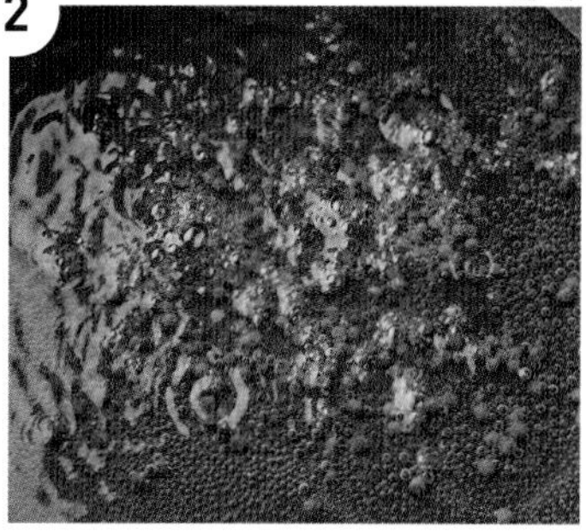

フライパンにサラダ油とマスタードシードを入れ、中火にかける。

3

マスタードシードがはじけたら❶を加える。

4

中火〜弱火で3分煮る。冷蔵庫で一晩おく。

キャベツのトーレン

CABBAGE THORAN

インドではこういった料理もカレーの一種として扱われます。カレーっていったい何なんでしょうね？ 野菜を使った汁気の無いカレーはサブジと総称されますが、トーレンは南インド・ケララ地方に特有のサブジの一種で、風味付けとしてココナツがよく使われます。一般的なサブジよりシンプルなスパイス使いも特徴です。

材料（2人分）

- サラダ油 …… 10g
- マスタードシード …… 2g
- タカノツメ（縦半分に切って種を取る）…… 1本
- カレーリーフ（省略可）…… ひとつまみ
- キャベツ（太めのせん切り）…… 200g
- Ⓐ（混ぜる）
  - 塩 …… 2g
  - ターメリックパウダー …… 0.5g
- ココナツファイン（無ければココナツロングを少し刻む）…… 10g

1

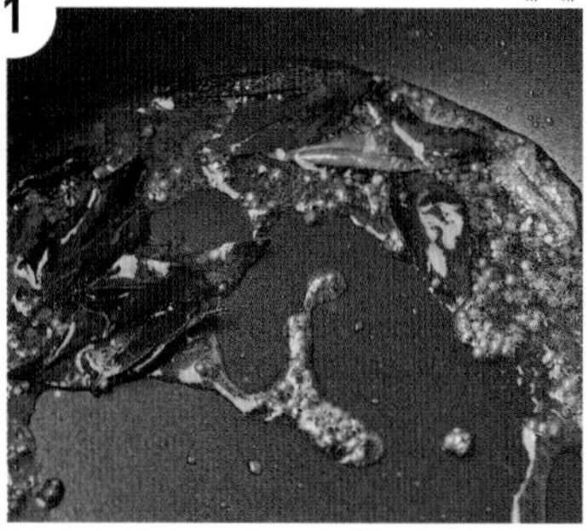

鍋にサラダ油、マスタードシード、タカノツメを中火で熱し、マスタードシードがはじけたらカレーリーフ（あれば）を加える。

2

続けて、キャベツ、Ⓐを加えてよく混ぜる。

3

水分が足りないようなら水を少し足し、蓋をしてキャベツがしんなり柔らかくなるまで蒸し煮にする。

4

ココナツファインを加えてよく混ぜながら炒め、キャベツの水分を吸わせる。

ポテトテンパード

TEMPERED POTATOES

じゃがいものおいしさをストレートに生かした、ある意味で洗練の極みのような料理です。その名の通り、テンパリングという手法の優秀さに改めて気付かされる料理でもあります。じゃがいもとスパイスをこよなく愛す、インド料理の面目躍如といったところでしょうか。日本人としては、ビールに抜群に合うのも嬉しいところ（?）。

材料（作りやすい分量）

Ⓐ
- じゃがいも（皮をむいて1.5cmの角切り）……200g
- 水……50g
- 塩……2g
- ターメリックパウダー……0.5g

Ⓑ
- サラダ油……20g
- タカノツメ（縦半分に切って種を取る）……2本
- クミンシード……1g

香菜（細かく刻む）……2g

1

Ⓐを鍋に入れて蓋をし、火にかけて蒸し煮にする。

2

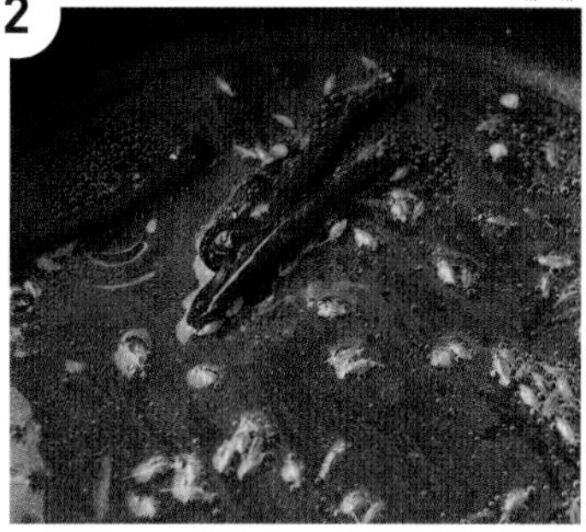

Ⓑをフライパンに入れ、中火にかけ、テンパリングする。

3

❷に❶を加えて炒める。

4

仕上がり間際に香菜を加えて混ぜる。

ブロッコリー マシヤル

BROCCOLI MASIYAL

マシヤルとは、青菜をくたくたに煮てペースト状に仕上げる、南インド・タミル地方の菜食料理。北インドの同種のカレーであるパラクやサグより、スパイスはずっとシンプルです。現地では主にほうれん草がよく使われますが、個人的にはこのブロッコリーで作るパンチの効いた味わいが一番おいしいと思っています。

材料（作りやすい分量）

A
- サラダ油……20g
- タカノツメ（縦半分に切って種を取る）……1本
- ニンニク（みじん切り）……5g
- 玉ねぎ（みじん切り）……60g

B 混ぜる
- コリアンダーパウダー……0.5g
- クミンパウダー……0.5g
- カイエンヌペッパー……0.5g
- ターメリックパウダー……0.5g
- ブラックペッパーパウダー……1g
- 塩……2g

- ブロッコリー（一口大。茎も皮を厚くむいて使う）……150g
- 水……50g

1

Aをフライパンに入れて中火にかける。

2

玉ねぎがしんなりしてニンニクの香りが立ったらブロッコリーとBを加え、さっと炒め合わせる。

3

水を加え、蓋をして弱火にし、10分蒸し煮にする。

4

ブロッコリーが完全に柔らかくなっていたら、ザクザクとつぶして完成。

ベイガンバジ

BAINGAN BHAJI

「バジ」という料理は、揚げ物、焼き物、カレーなど、幅広い概念を含みますが、油をふんだんに使った調理という点は共通しているようで、この東インド・ベンガル地方の料理も、なすを揚げ焼きにして作ります。この油は通常マスタードオイルが使われますが、日本では入手困難なため、辛子を塗ることでその風味を再現しています。

材料（作りやすい分量）

- Ⓐ
  - カイエンヌペッパー……0.5g
  - パプリカパウダー……1.5g
  - ターメリックパウダー……0.5g
  - 塩……2g
  - 練り辛子……5g
  - 水……5g
- 米なす（厚さ1.5cmの輪切り）……200g
- サラダ油……適量（フライパンに5mm深さになる量）

1

Ⓐを混ぜ合わせてペースト状にしておく。必要なら水少々（分量外）を足す。

2

米なすの両面に❶を塗る。

3

フライパンにサラダ油を熱し、中火で❷を揚げ焼きにする。

4

裏返して、両面とも焼く。

デザートについて

インドのスイーツは基本的にとてもシンプルで、穀類や乳製品のおいしさをストレートに生かします。日本人の感覚だと甘すぎると感じることもありますが、それは食事の一部やお口直しというよりは、あくまで「嗜好品」だからでしょう。とはいえここでのレシピは、あくまでデザートとして楽しめるよう、本場より少し甘さを控えています。

マンゴーシュリカンド

MANGO SHRIKHAND

シュリカンドは、濃厚なヨーグルトに砂糖やレーズン、ナッツなどを加えた、いかにも乳製品大国インドらしいデザート。本来はヨーグルトを水切りして使いますが、ここではドライマンゴーに水分を吸わせることでヨーグルトを凝縮させます。ホエー（乳清）をたっぷり吸い込んだマンゴーも一緒においしくなり、一石二鳥のレシピです。砂糖はインドの粗糖「ジャガリー」をイメージし、きび糖を使いました。

材料（作りやすい分量）

Ⓐ
- ヨーグルト……200g
- ドライマンゴー（適当な大きさにちぎる）…40g
- レーズン……10g
- きび糖……12g
- カルダモンパウダー…少々

ピスタチオ（刻む）・ミント……各少々

作り方

1

Ⓐをボウルに入れる。

2

混ぜ合わせて、冷蔵庫で一晩おく。

3 ❷をよく混ぜ、器に盛り、ピスタチオとミントをトッピングする。

ストロベリークルフィ
STRAWBERRY KULFI

クルフィはミルクをベースに、卵黄は使わずオーバーラン（空気含有率）ゼロの濃厚なアイスクリーム。普通は長時間かけて牛乳を煮詰めるところを練乳で簡単にアレンジしました。

材料（2人分）

- いちご（ヘタを取って四つ割り）……160g
- 練乳……80g
- 生クリーム……80g
- ピスタチオ（刻む）…少々

作り方

1

いちご、練乳、生クリームをミキサーで攪拌し、プリン型などに入れて凍らせる。

2 型から出して器に盛り、ピスタチオをトッピングする。

ライスパヤサム
RICE PAYASAM

パヤサムはココナツと粗糖を使った南インドのデザートスープ。米以外にも、豆やタピオカ、麺などで作られます。温かくても冷たくしても楽しめる、ほっこりとしたおいしさです。

材料（2人分）

- 無洗米……50g
- 水……400g
- ココナツミルク……100g
- きび糖……100g
- カルダモンパウダー…2g

【トッピング】

- カシューナッツ……10g
- レーズン……5g
- バター……少々

作り方

1
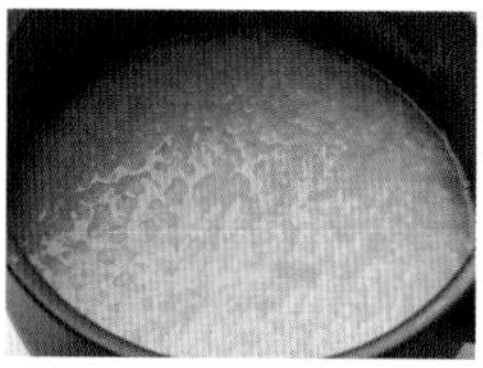
鍋の重量をはかり、米と水を火にかけ、お粥状になるまで煮る（煮上がりの重量目安は300g）。

2
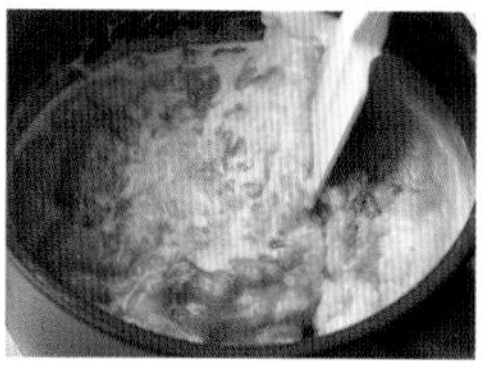
残りの材料を混ぜ合わせる。粗熱が取れたら冷蔵庫で冷やす。

3

フライパンにバターを溶かし、カシューナッツとレーズンを軽く炒める。器に盛った❷にトッピングする。

最後に

インドカレーは、
日本人が大好きな
カレーという料理のひとつであると同時に、
インドで長い年月を経て大事に育まれた
貴重な文化でもあります。
作る時も食べる時も、
そんなインドの食文化へのリスペクトを
大切にすることこそが、
インドカレーを目一杯おいしく楽しむために
一番大事なことなのではないかと思います。

FINALLY.

エリックサウスのご紹介

南インド料理専門店「エリックハウス」は、2011年、東京駅の八重洲地下街からスタート。今は東京を中心に全国10店舗を展開、南インド料理ブームの火付け役ともいわれます。各店舗では、現地そのままの味わいに徹底的にこだわりながら、“もっと身近に、もっと楽しく”伝えるため、日本人の味覚に合うお料理をラインナップ。何種類ものカレーが味わえる定食「ミールス」、ビリヤニをはじめ、ディナーではお酒に合う一品料理も揃え、昼に、夜に、スパイスを存分に味わうことができます。ご家庭で簡単にエリックサウスの味が楽しめる通販も人気。

東京

【八重洲店】

東京都中央区八重洲2-1
八重洲地下街4号（八重洲地下2番通り）
電話 03-3527-9584
営業時間 平日 11:00～22:00 (21:30L.O.)
土曜・日曜・祝日 11:00～21:30 (21:00L.O.)
定休日 無休

【東京ガーデンテラス店】

東京都千代田区紀尾井町1-3
東京ガーデンテラス紀尾井町2階
電話 03-6272-5529
営業時間 11:00～22:00 (21:30L.O.)
定休日 日曜日

【虎ノ門ヒルズ店】

東京都港区虎ノ門1-17-1
虎ノ門ヒルズ ビジネスタワー地下1階
電話 03-6811-2330
営業時間 11:00～15:00　17:00～21:00 (20:30L.O.)
定休日 日曜・祝日

【高円寺 カレー＆ビリヤニセンター】

東京都杉並区高円寺南4-49-1
電話 03-5356-8803
営業時間 11:30～15:00 (14:30L.O.)
17:00～22:00 (21:30L.O.)
定休日 水曜日

【マサラダイナー神宮前】

東京都渋谷区神宮前6-19-17 GEMS神宮前5階
電話 03-5962-7888
営業時間 11:30～15:00 (14:30L.O.)
17:30～23:00 (22:30L.O.)
定休日 火曜日

オンラインショップ

https://www.erickcurry.jp

名古屋・岐阜

【KITTE名古屋店】

愛知県名古屋市中村区名駅一丁目1-1 地下1階
電話 052-433-1780
営業時間 11:00～23:00
定休日 元日

【則武新町店】

愛知県名古屋市西区則武新町3-1-17
イオンモールNagoya Noritake Garden 1階
電話 052-526-6949
営業時間 10:00～21:00 (20:30L.O.)
定休日 施設に準じる

【金山 カレー＆ビリヤニセンター】

愛知県名古屋市熱田区金山町1-1-18
ミュープラット金山 2階
電話 052-228-3688
営業時間 11:00～23:00
定休日 施設に準じる

【岐阜AG店】

岐阜県岐阜市橋本町1-10-1 アクティブG2階
電話 058-269-4121
営業時間 11:00～15:00 (14:30L.O.)
17:00～21:00 (20:30L.O.)
定休日 施設に準じる

大阪

【西天満店】

大阪府大阪市北区西天満4-1-9 ニュー若松ビル1階
電話 06-6585-0408
営業時間 火曜～日曜・祝日 11:30～15:00 (14:30L.O.)
金曜～日曜・祝日 17:30～21:00 (20:30L.O.)
定休日 月曜日

【グランフロント大阪店】

大阪府大阪市北区大深町4-20
グランフロント大阪 南館地下1階
電話 06-6136-7004
営業時間 11:00～22:00 (21:30L.O.)
定休日 施設に準じる

2023年7月20日現在の情報です。

稲田俊輔（いなだ・しゅんすけ）

南インド料理専門店「エリックサウス」総料理長。飲料メーカー勤務を経て、友人とともに「円相フードサービス」を設立。和食をはじめ、さまざまなジャンルの飲食店を手掛ける。2011年、東京駅八重洲地下街に「エリックサウス」を開店。現在東京、名古屋、岐阜、大阪に計11店舗、オンラインショップも人気。著書に『南インド料理店総料理長が教える だいたい15分！ 本格インドカレー』『ミニマル料理』（以上柴田書店）、『個性を極めて使いこなす スパイス完全ガイド』（西東社）、『人気飲食チェーンの本当のスゴさがわかる本』（扶桑社新書）、『おいしいもので できている』（リトルモア）、『キッチンが呼んでる！』（小学館）など、料理書から小説まで多数上梓。イナダシュンスケ名で発信するTwitter（@inadashunsuke）も人気。さまざまな切り口で、食の世界を楽しくざわつかせている。

撮影／西山 航（世界文化ホールディングス）
デザイン／河内沙耶花（mogmog Inc.）
スタイリング／岡田万喜代
調理協力／小畑雪菜、荒木雄登、今西裕也
校正／株式会社円水社
DTP製作／株式会社明昌堂
編集部／原田敬子

「エリックサウス」稲田俊輔のおいしい理由。

インドカレーのきほん、完全レシピ

発行日　2023年7月15日　初版第1刷発行
　　　　2024年6月25日　　　第3刷発行

著者　稲田俊輔
発行者　岸 達朗
発行　株式会社世界文化社
〒102-8187　東京都千代田区九段北4-2-29
電話03-3262-5118（編集部）
03-3262-5115（販売部）
印刷・製本　株式会社リーブルテック

ISBN 978-4-418-23307-6